ひらめき力がぐんぐん育つ!

なぞなぞチャレンジ

監修：茂木健一郎
作：嵩瀬ひろし

ナツメ社

もくじ

なぞなぞで
ひらめき力アップじゃ！

スペシャルなぞとき

もっとひらめき力アップ！

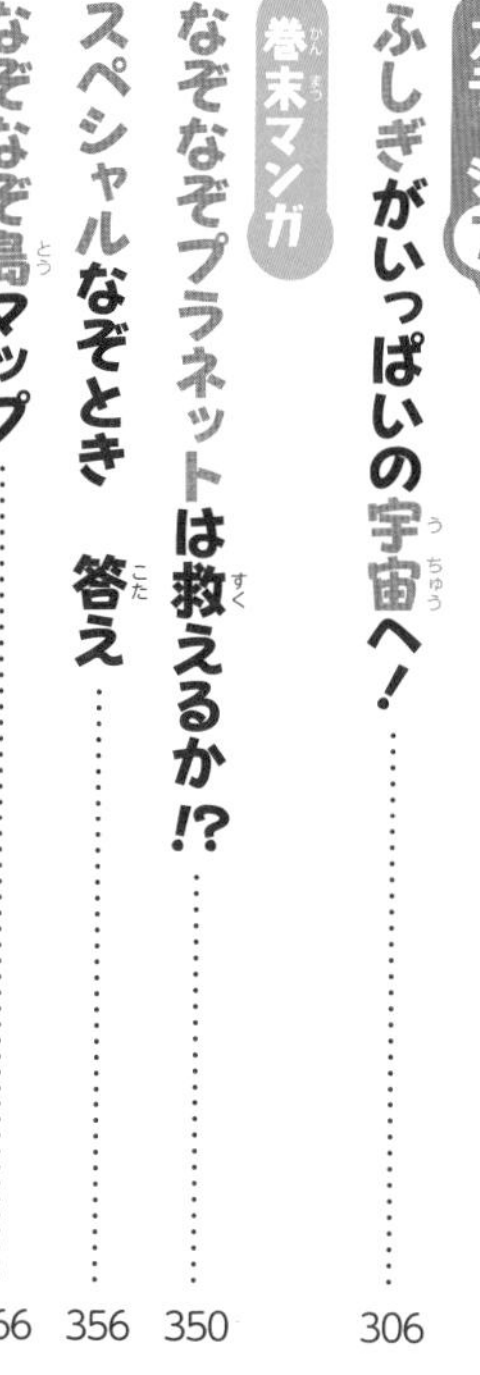

登場人物

ナゾセン
なぞなぞプラネットを救うために、地球にやってきた。
リク
なぞなぞが好きな小学３年生。
ナナ
リクのいもうと。小学１年生。
ネタバラ星人
なぞなぞの答えをよこどりしてしまう。

この本の遊び方

答えは次のページの下を見よう。
次のページにないときは、その次のページにあるよ。
スペシャルなぞときの答えは、本のさいごにのっているよ。

ナゾセンがやってきた！

あ〜〜あ！
なにかおもしろいことないかな〜
キラッ
流れ星！
こんな昼間に！
ギャーッ！
ドカーン
……!!
シュウウウ ウゥゥゥ…
なにかいる…
ウウゥ…
?
ムクリ
!!

木にすずをつけたらあらわれるどうぶつって、なあに？

えっ、う～ん…

あ！

キリン！

ピンポーン

正解じゃ！

きみ…もしかして…

ゴゴゴゴ

ゴゴゴゴ

なぞなぞはとくいかね？

とりみだしました…ワシの名は、ナゾセン
宇宙にうかぶ惑星、なぞなぞプラネットからやって来ました
宇宙人だ!!
そうだとは思ってたけど…
まあ…、きみたちから見たらそういうことになるの…

で、なんで地球に来たの？
まさか侵略!?
ちっ…
ちがうわいっ!!
実はなぞなぞプラネットが大ピンチなんじゃ～
それで助けを求めて…、
えっ？
どうしたの？
どうしたのって…？では問題です！ワシらなぞプラ※人が毎日することはなあに？
な…
なぞなぞ？
かな…？
※なぞなぞプラネットの略

正解じゃ！
ポン
ポン
イテッ
なんだこれ？
ピカーン
なぞなぞに正解することで
生まれる
ひらめきスターじゃよ
ひらめきスター？
キレ〜イ
さよう…
ワシらのひらめきの星では
そのひらめきスターを
主なエネルギーとして
使っておる
毎日たがいに、なぞなぞを出しては
ひらめきスターを生み出しながら
ピンポン
ポン
ポン
正解！
平和にくらしておったんじゃ
ところが
ある日……

ステージ 1 身近なところになぞなぞがいっぱい！

なぞなぞの旅に出発だ！

しかし、もはやなぞプラのなぞなぞは底をついた！
ゴーッ
そこでワシは宇宙にとび出し

新たな、なぞなぞをさがそうと…
ピタ…
？
カタ
カタ…

ああああああ
燃料入れわすれた～

そんなワケで地球に落っこちてきたナゾセンです
宇宙人!?
ホントに!?
こっちはいもうとのナナ。ぼくは、リク。
おはずかしい…

安心してナゾセン！地球上のなぞなぞさがし、ぼくたちも手伝うよ!!
ありがとう～
？
えっ私も？
ガシッ
さあ、なぞなぞの旅に出発だ!!

ステージ1 身近なところになぞなぞがいっぱい！

家の中にはなぞなぞいっぱい！

①ペットといっても平たくて、みんなにふみつけられるペットって、どんなペット？

②ハトが「そこをどけ！」というものはなあに？

③数字を使わないとおしゃべりできないものはなあに？

答えは12〜13ページにのっているよ！

④
立つと近くなり、
ねると遠くなるもの
なあに？
⑤
ランの花がないのに、
「ランがある」と
いわれるところは
家のどこかな？
⑥
太陽がいっぺんに
たくさん出てくる
ときっていつかな？

子どもべやにあるものな〜に？

❼ 毎日毎日、自分のことをかいているチョウはどんなちょう？

❽ キツネがとろうとする、ゲームをするとき使うものなあに？

❾ ウシがためいきをついたものってなあに？

答えは14〜15ページにのっているよ！

❺ベランダ　❻テレビの天気予報のとき

⑩ くらはくらでも、頭の下に置くくらはなあに？

⑪ さわいでねている人のじゃまをするのに、役に立つというものはなあに？

⑫ ゴールはゴールでもキレイな音がするゴールはなあに？

⑬ カニが持っている箱ってなあに？

10-11ページの答え ①カーペット ②ハト時計 ③電話 ④てんじょう

キッチンにあるものな〜んだ？

⑭ うすいとあつくなる、台所にある、つかむものなあに？

⑮ いつもおなかが冷えていないといけないコは、どんなコ？

⑯ はずかしがりやで、顔がすぐにあつくなってしまう電化製品ってなあに？

⑰ 10この星がついている電化製品ってなあに？

答えは16〜17ページにのっているよ！

⑪めざまし時計 ⑫オルゴール ⑬ちょ金箱

18

食べる前は1本。
食べるときは
2本のものってなあに？

19

冷凍庫から聞こえてくる歌声は
なあに？

20

キッチンによくいる、
とべないチョウは
どんなチョウかな？

21

ごはんでおなかいっぱいに
なる木って
なあに？

12-13ページの答え　⑦日記帳　⑧コントローラー　⑨もうふ　⑩まくら

まだまだキッチンのなぞなぞだよ

答えは
18〜19ページに
のっているよ！

22 ミカンはないのに、「ぜったいにある」といっているものなあに？

23 のりものではないのに、人や品物をのせるものなあに？

24 パンはパンでも長い手のついたパンはなあに？

⑰トースター　⑱わりばし　⑲コーラス（凍らす）　⑳ほうちょう　㉑すいはんき

25 点々をとるとどうぶつになる、穴だらけの道具はなあに？

26 頭から水を入れて口からお湯を出すかんはなあに？

27 「はひふへほ」が「はひへほ」になると出てくる道具はなあに？

28 おりはおりでも、つめたいおりってなあに？

14-15ページの答え ⑭なべつかみ ⑮冷蔵庫 ⑯電気ポット

テーブルの上にあるものな〜んだ?

答えは20〜21ページにのっているよ!

29 下の方にブリが入っている入れものはなあに?

30 だれかがにげても、おいかけない食器はなあに?

31 1から数えたのに、1000だけとばす道具はなあに?

32
まん中に置いてもはしっこだという、2本のぼうはなあに？
33
さわると手がふるえてしまうものなあに？
ブル
ブル
はしっこにいるよ
?
?
?
すっぱい
34
お酢のにおいがただよってくる食器はなあに？
35
生きものをかっている人が持っている容器はなあに？
?
?

16-17ページの答え　㉒アルミ缶　㉓はかり　㉔フライパン　㉕ザル

洋服のなぞなぞだよ

36 ねるとき、いるものなのに、じゃまだといわれるのはなあに?

37 きるといってもハサミじゃないよ。さむくなるほどあつくなるものなあに?

38 入口1つに出口が3つ。毛糸でできているものはなあに?

答えは22～23ページにのっているよ!

39 お酢がどれなのかわからない人が、着ていたものはなあに？

40 全力をつくして作られた、さいこうの服ってなあに？

41 練習の指導をしてくれる服はなにかな？

18-19ページの答え　29どんぶり　30おわん　31せんぬき　32はし

ステージ 1
身近なところになぞなぞがいっぱい！

身につけるものな〜んだ？

42 人の口をふさいでもおこられないものはなあに？

43 名前の頭をかくすと夜になり、おしりをかくすとどうぶつになる入れものはなあに？

44 かさなのにたたみが入っているよ。どんなかさかな？

答えは
24〜25ページに
のっているよ！

40ベスト　41トレーナー

45
足からはくのはズボン。
では頭にのせるチョウチョウは
なにボンかな？

46
ベルはベルでも
こしに巻きつく
ベルはなあに？

47
レンズは2こなのに
3だというメガネは
なあに？

20-21ページの答え ㊱パジャマ ㊲ふく ㊳セーター ㊴ドレス

またまた洋服のなぞなぞだよ

48
関西人が、
「自分のシャツだ」と
いっているのはなあに？

49
ウシがついている頭にのせる
ものなあに？

50
ウスはウスでも、
人が着るための
ウスってなあに？

51
ゆびだけで、１本のせんろを
２本にしたり２本のせんろを
１本にするものなあに？

答えは
26〜27ページに
のっているよ！

52
お父さんの首に
ぶら下がっているタイは
どんなタイかな？

53
着るときとって、
ぬいだらかけるものなあに？

54
トラがちょっとわらいながら
はくパンツはなあに？

55
入り口は1つなのに
出口はかならず
2つあるものはなあに？

22-23ページの答え　42マスク　43カバン　44おりたたみがさ　45リボン

足につけるもの

56 イカをお酢の中につけたくつはなあに？

57 人のヒミツをさぐりたがるクツはなあに？

58 元気に返事をするのはお昼だけだというクツはなあに？

答えは28〜29ページにのっているよ！

52ネクタイ　53ハンガー　54トランクス　55ズボン、パンツ

59 りっぱといわれるのに、ふまれるものなあに？

60 2足ならぶと文句をいいはじめるクツはなあに？

61 女の人がはくもので、王さまもはいているものはなあに？

24-25ページの答え ㊽ワイシャツ ㊾ぼうし ㊿ブラウス 51ファスナー

ステージ1 身近なところになぞなぞがいっぱい！

トイレとおふろのなぞなぞだよ

62 1人で満員になる部屋はなあに？

63 トイレに入るときは太っていて、出てくるときは骨1本。これなあに？

64 トイレにある木ってなあに？

答えは30〜31ページにのっているよ！

59スリッパ　60ブーツ　61ストッキング

65
体がきれいになるたびにどんどん小さくなるのはなあに？

66
おふろのお湯の上に立っているのはだあれ？

67
ぬれたらふくもので、大きな車がついているものなあに？

26-27ページの答え　56 スニーカー（酢にイカ）　57 スパイク　58 ハイヒール

おそうじのなぞなぞ

68 はくことはできるのに、ぬぐことはできないものはなあに？

69 すてるためにわざわざ集められるものなあに？

70 ゴミをとるのが上手なとりは、なにとりかな？

答えは34〜35ページにのっているよ！

65石けん 66ゆげ 67バスタオル

71 キレイにふけばふくほど、よごれてくるものはなあに?

72 おどろかせたり、ちょっとわらったりする、ぬったらつやつやになるものなあに?

73 足(あし)もないのに立(た)ったり舞(ま)ったりして、人(ひと)をせきこませるものはなあに?

28-29ページの答(こた)え 62トイレ 63トイレットペーパー 64べんき

なぞなぞめいろ

絵を見てなぞなぞをときながら、ゴールまで進もう。

スタート
①キッチンにあるものだよ。
1000
④文房具だよ。
プ
③むかしからある、
あそぶものだよ。

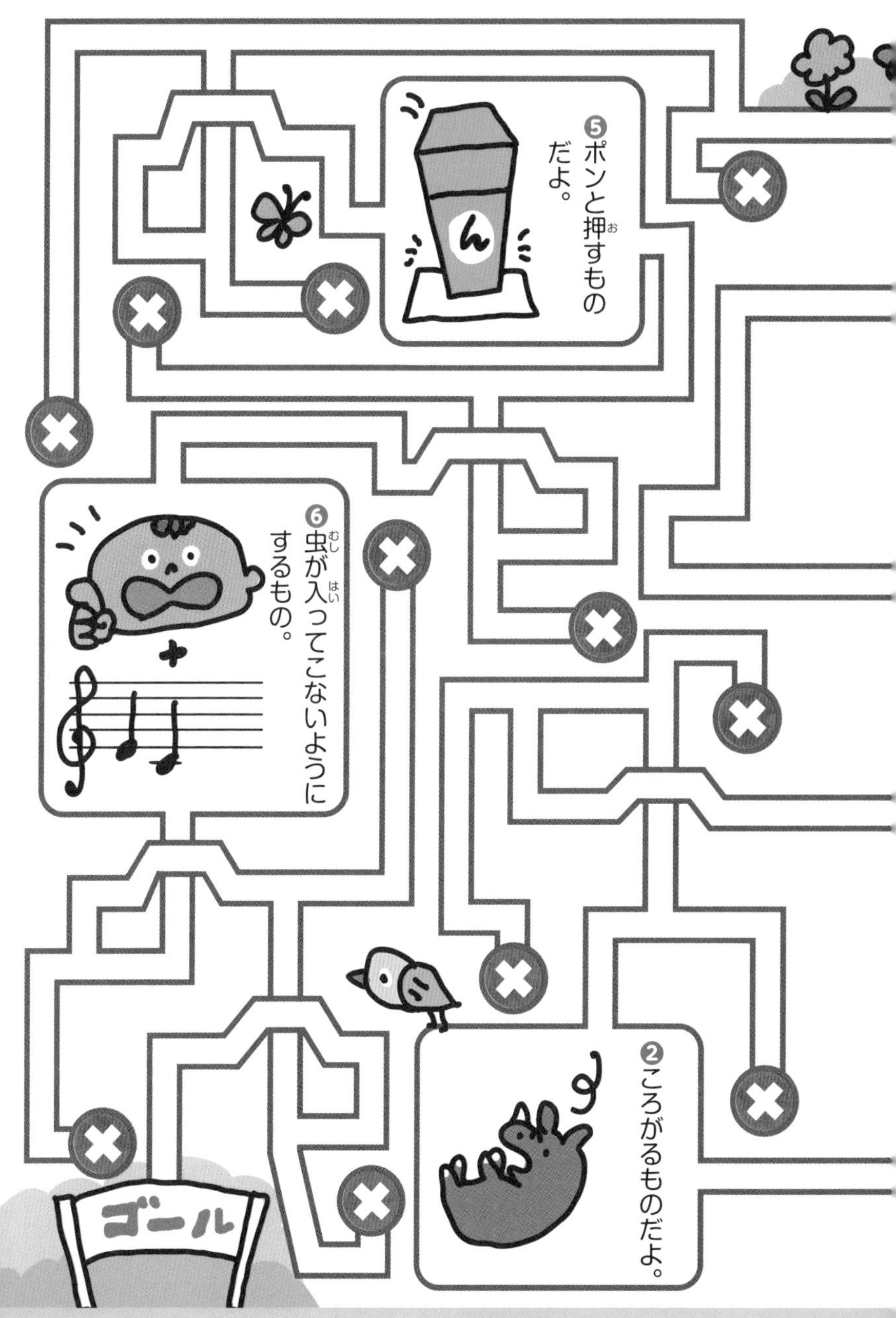

❺ポンと押すものだよ。
ん
❻虫が入ってこないようにするもの。
❷ころがるものだよ。
ゴール

★答えは356ページにのっているよ！

おじいちゃんのへやに来たよ

74 お酢がとんでくるという暖房器具はなあに?

75 新しくてもこけがついている人形はなあに?

76 ざぶとんの上にいて、頭をたたかれて役立つものなあに?

答えは36~37ページにのっているよ!

72ワックス 73ほこり

77 上が朝、下に行くほど昼から夜になるものなあに？

78 コマはコマでも、クルクル回さない5角形のコマってなあに？

79 手と口でかけるのは電話。では耳と鼻でかけるのはなあに？

30-31ページの答え　68ほうき　69ゴミ　70ちりとり　71ぞうきん

ステージ1 身近なところになぞなぞがいっぱい！

ひきだしの中にあるものな～に？

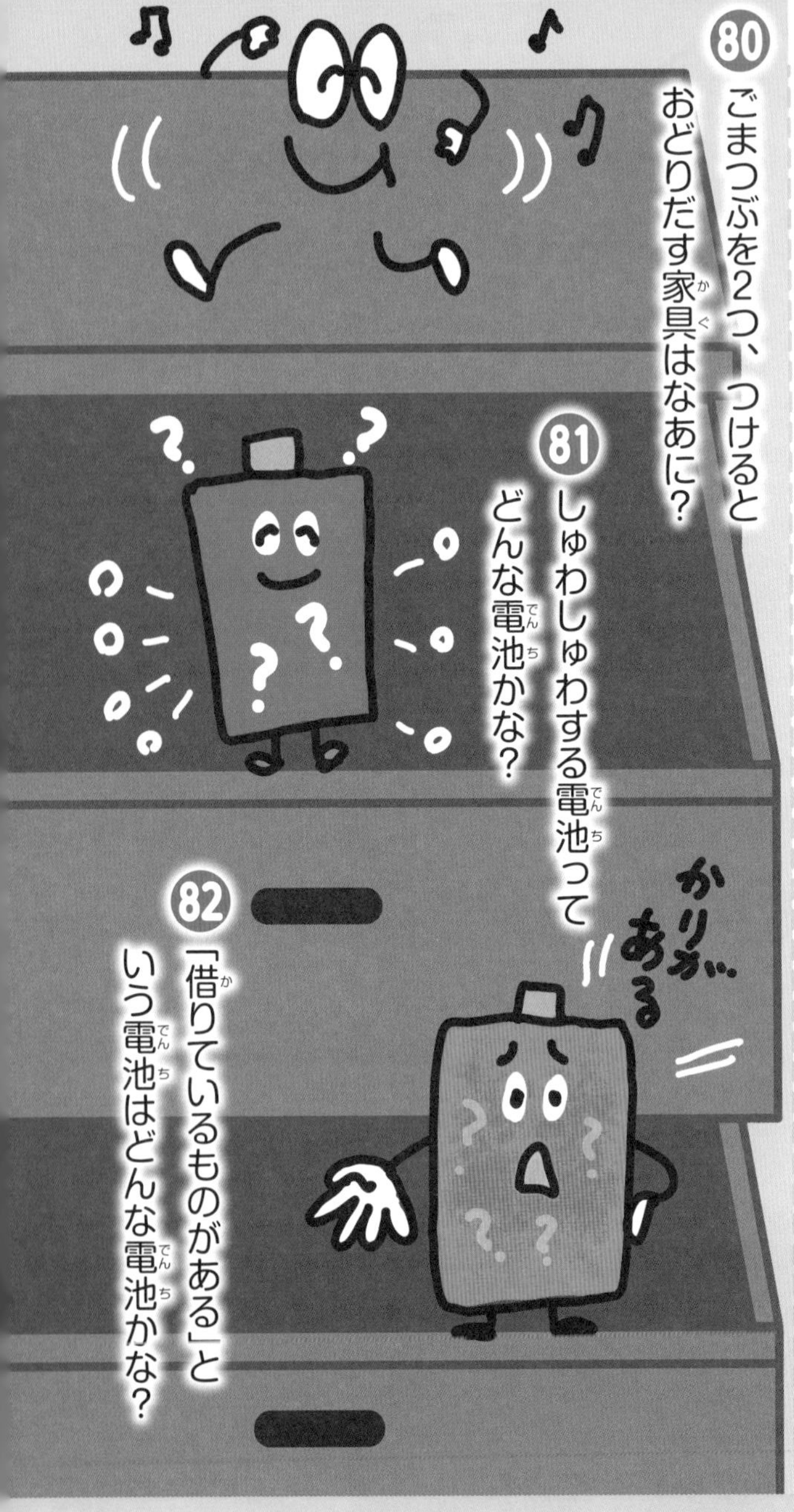

80 ごまつぶを2つ、つけるとおどりだす家具はなあに？

81 しゅわしゅわする電池ってどんな電池かな？

82 「借りているものがある」という電池はどんな電池かな？

かりがある

答えは38～39ページにのっているよ！

83
とろうとしたら、おこらずにわらったよ。
なにをとろうとしたから？

84
お寺(てら)にあるのはつりがね、では
のぞくとよく見(み)えるのはなにがね？

85
いいにおいがちゃんとするのに、
うすいといわれるのはなあに？

34-35ページの答(こた)え　74ストーブ(酢(す)とーぶ)　75こけし　76木魚(もくぎょ)

み〜んな紙でできてるよ

86 本のあいだに
はさまれてしまったものの
名前はなあに？

87 かんしんしたり、
うなずいたりしている
紙ってなあに？

88 折ると、
ツルや船に変身する
紙はなあに？

89 ボールはボールでも
詰めたり入れたりする、
四角いボールはなあに？

答えは
40〜41ページに
のっているよ！

82アルカリ電池　83写真　84虫めがね　85香水

90

四角い顔にサインを書かれるきしってどんなきし？

91

「自分のことだ」という紙はなあに？

92

口もないのにときどき人の鼻をかむのはなあに？

93

スターはスターでも、かべにくっつくスターはなあに？

36-37ページの答え 80タンス(ダンスになる) 81単3電池

きれいにしたりなおしたりするもの

答えは42〜43ページにのっているよ！

94 よごれた服ばかりを回して、やくにたっているものはなあに？

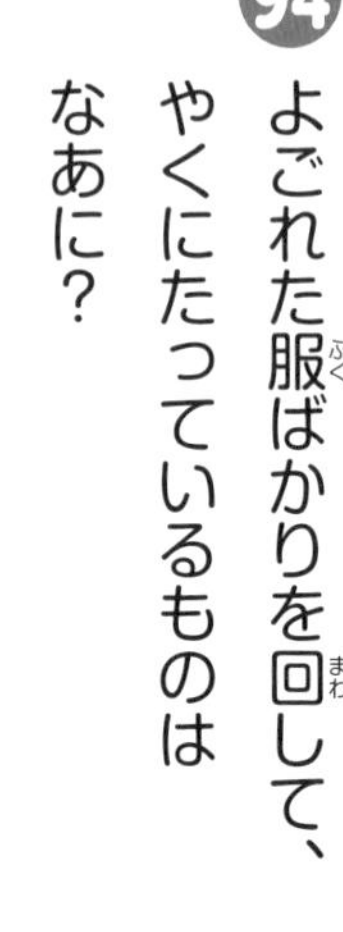

95 熱があるとき動きまわって、熱がないとき休むものはなあに？

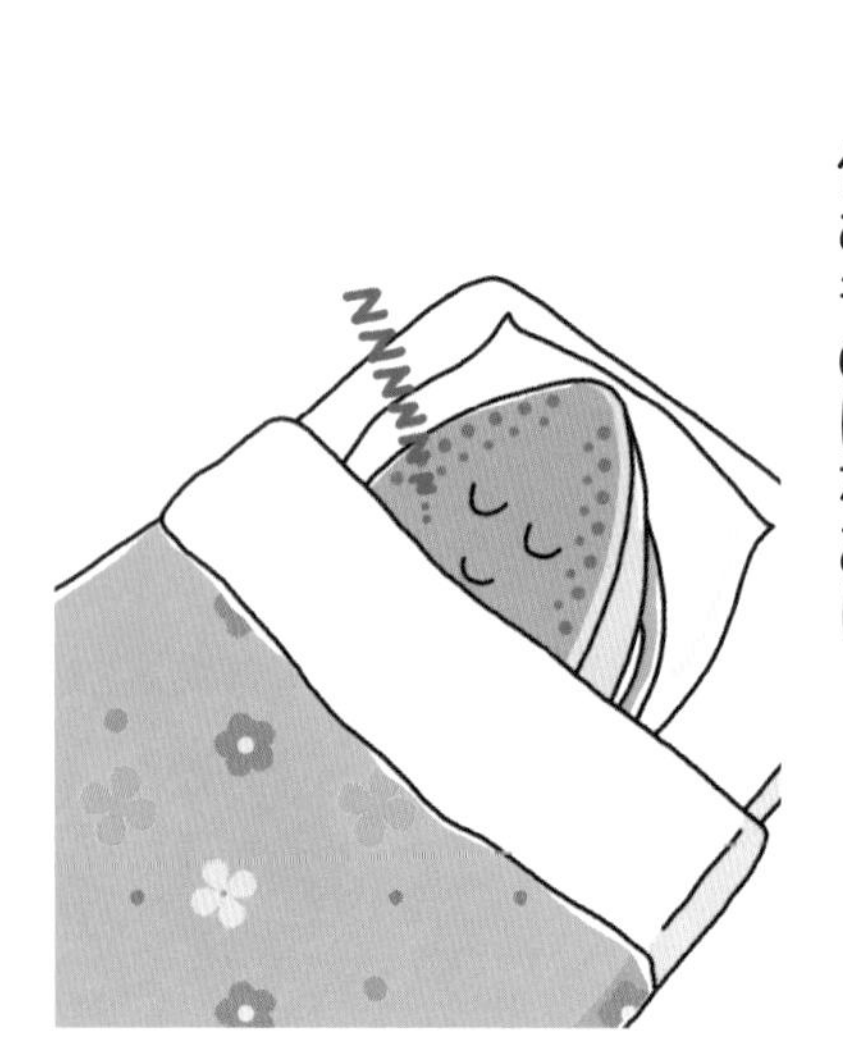

89ダンボール　90色紙　91和紙　92ティッシュペーパー(ちりがみ)　93ポスター

96

きりはきりでも、
のびたつめにかみつく
きりはなあに？

97

タイはタイでも、
ぐるぐる巻く
白いタイはなあに？

98

小さなトンネルの
そうじがとくいな、
かきってなあに？

99

目にさしても
いたくないものって
なあに？

38-39ページの答え　86しおり　87ほうそう紙(ほ〜！　そう！)　88折紙

おにわでなぞなぞ

100
コップはコップでも、土をほるのがとくいなコップはなあに？

101
かべに色をぬるために使う木ってなあに？

102
お話するのが大すきな道具ってなあに？

答えは44〜45ページにのっているよ！

40-41ページの答え　94せんたくき　95アイロン　96つめきり　97ほうたい

みんなの家にはあるかな？

106 ベルはベルでも
体をきたえるベルってなあに？

107 かきはかきでも
火をけすときに使う
かきってなあに？

答えは
46〜47ページに
のっているよ！

買うとおかしが
ついてくる電化製品は
なあに?

アメリカのおじさんから
荷物がとどいたよ。
エビのあとに
とどいたのはなあに?

ブタが使うと、
勝てるという大工道具は
なあに?

111

せきはせきでも、
キラキラ光る
キレイなせきはなあに?

42-43ページの答え　100スコップ　101ペンキ　102シャベル　103ボール

112 学校や家で、おばけの話が出てくる場所はどこかな？

113 トランプのうしろがわにある、明るいものなあに？

114 新しいものでも古くてよごれたものでも、値段の変わらないものはなあに？

答えは48〜49ページにのっているよ！

109シーディー（ABCD） 110トンカチ 111ほうせき

44-45ページの答え　106ダンベル　107消火器　108加湿器

ステージ1 身近なところになぞなぞがいっぱい！

にているところは、ど～こだ？

117
タネとはちまき、
にているところは
なあに？

118
カサとハチ、
にているところは
なあに？

119
うすい氷と
やさしいなぞなぞ、
にているところは
なあに？

答えは
50～51ページに
のっているよ！

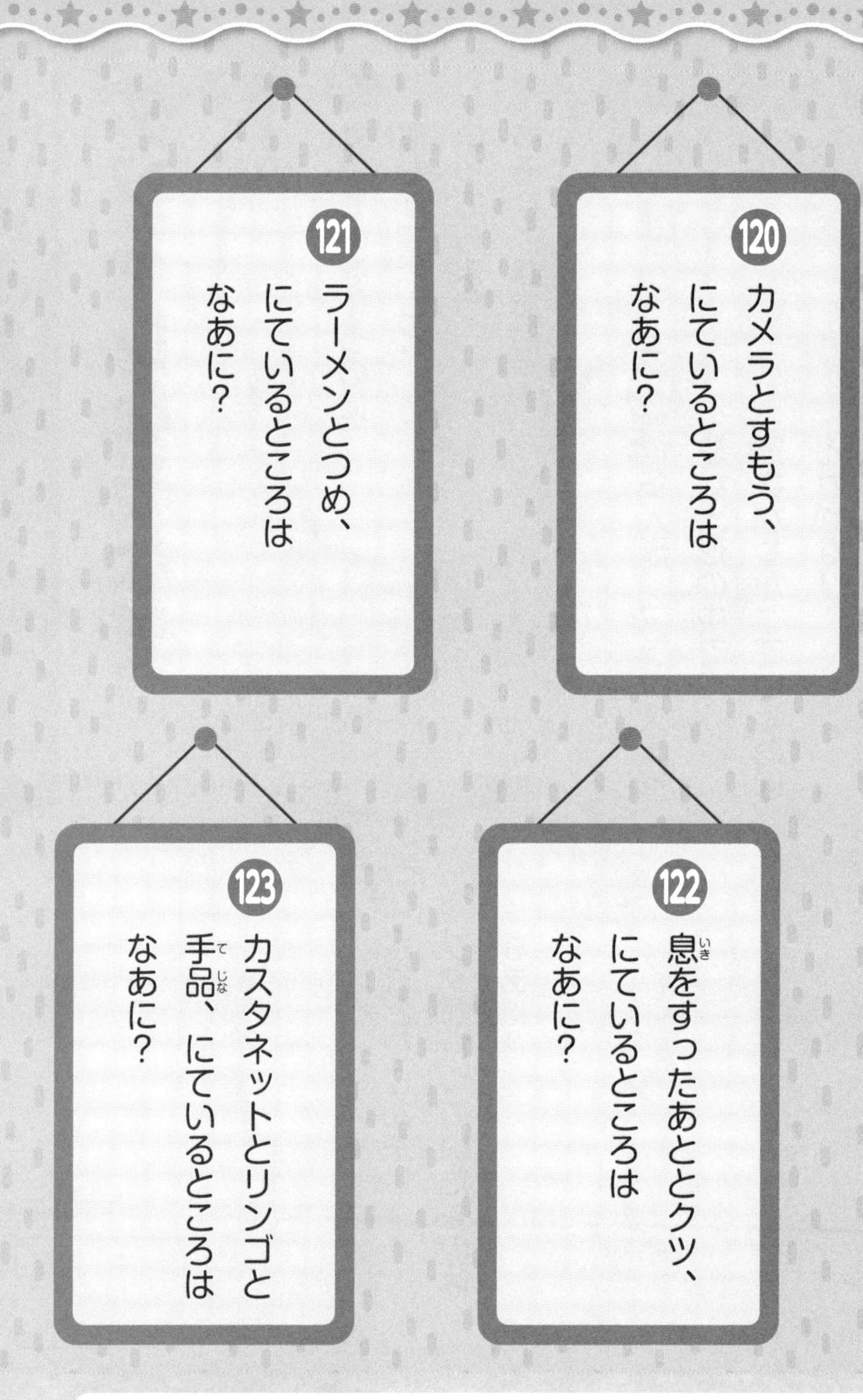

46-47ページの答(こた)え　112かいだん　113ランプ　114お金(かね)　115テレビの映像(えいぞう)

ダジャレなぞなぞ

124 丸いものを使うのに、思わず「長い」といってしまうあそびはなあに？

125 博多人形、フランス人形、ひな人形の中で、重さがわかっているのはどれかな？

126 水にとびこんだブタが持っていたものはなあに？

答えは52～53ページにのっているよ！

120どちらも「とる」　121どちらも「のびる」　122どちらも「はく」　123どれにも「たねがある」

48-49ページの答え　117 どちらも「まく」　118 どちらも「さす」　119 どちらも「すぐとける」

いじわるなぞなぞ

131 ニワトリの卵が98円のとき、ウズラの卵はいくらかな？

132 お茶をレンジに入れた人は、なにをしたいのかな？

答えは54〜55ページにのっているよ！

126 ざぶとん（ザブンとん） 127 あいカギ 128 オカリナ 129 片栗粉（肩こりこ） 130 カーテン（勝てん）

133

新しいピアノをひいたのに
音が出ないよ。どうしてかな？

134

ラッパをふいても音が出ないよ。
こわれていないのになぜかな？

135

買ったばかりの服なのに、
あかだらけなのはなぜかな？

136

3このさいころをふったよ。
上から見た目の合計が
一番少ないときはいくつかな？

137

マルミちゃんの体重は64kg。
ホソミちゃんの体重は46kg。
やせる石けんをつかったら、
最初にやせたのは？

50-51ページの答え 124わなげ(わっ、なげー) 125博多人形(はかった人形)

頭のトレーニング!

138 □は、なにかな?

A～K→□

139 左のことばは、ある決まりで分けられているよ。ハンカチは、どっちのなかまかな?

生きものになる	食べものになる
わりばし	パソコン
あかこすり	まさゆめ
くるま	あやめ
かごめかごめ	いわしぐも

140 左のことばは、どんなふくかな?

141 あるものが、じゅんばんにならんでいるよ。?に入るのは、○かな?◎かな?

○
◎
○
◎
○
?

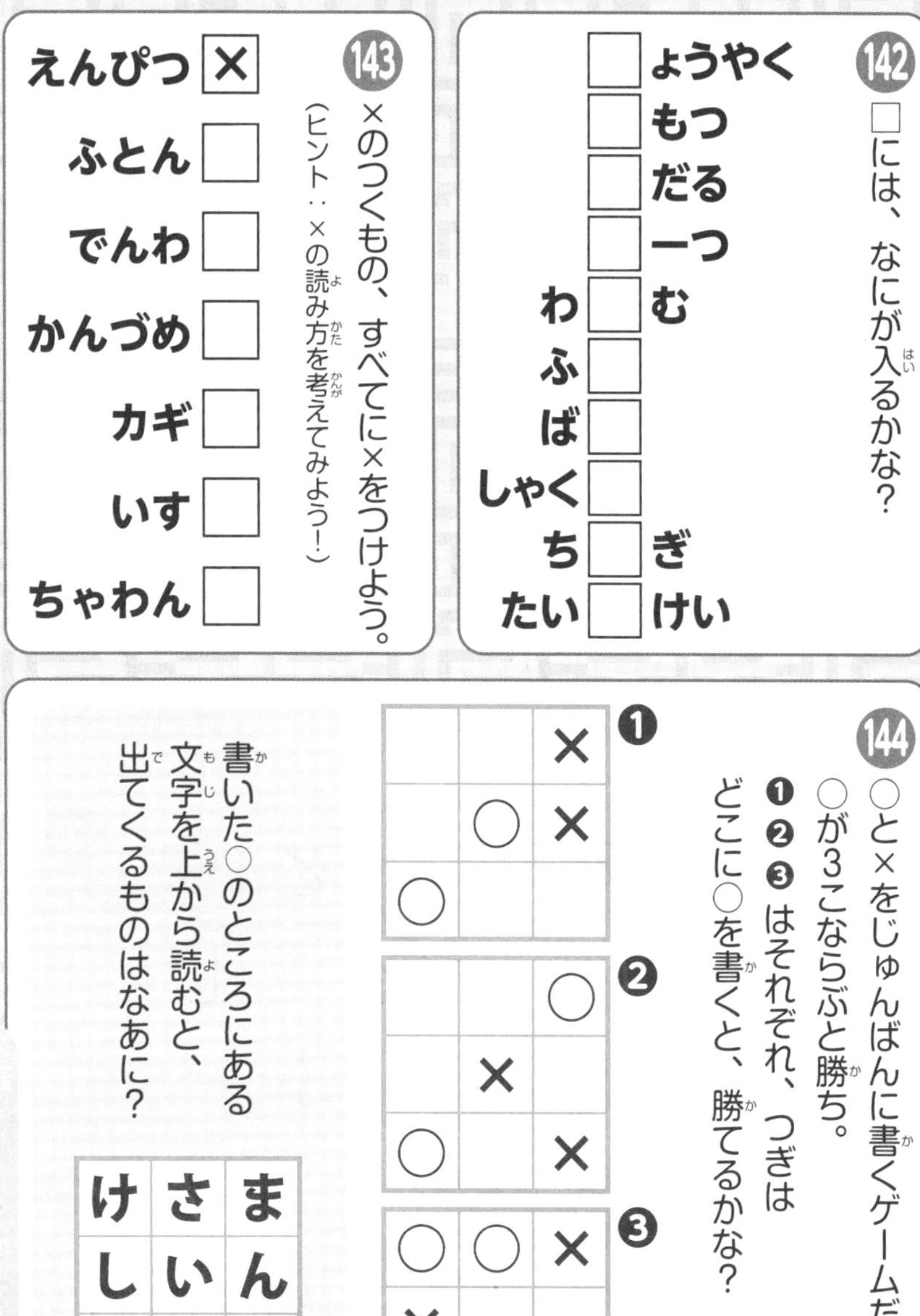

52-53ページの答え 131 いくらではない（ウズラだから） 132 あたためたい 133 ひもで結んで引いた（引っぱった）から

一文字クロスワードにチャレンジ！

□のまん中に一文字入れて
たてからもよこからも読めるようにしよう。

（れい）
あ
ん
み　か
↓
あ
ん
み し
か

Q
❶❷❸の中で入れた文字を
ならびかえると、
楽器になるのはどれかな？

❷

ア
か
ぶ　　し
す

イ
ち
ま　　ら
わ

ウ
き
ぷ　　ん
ん

エ
み
わ　　め
ん

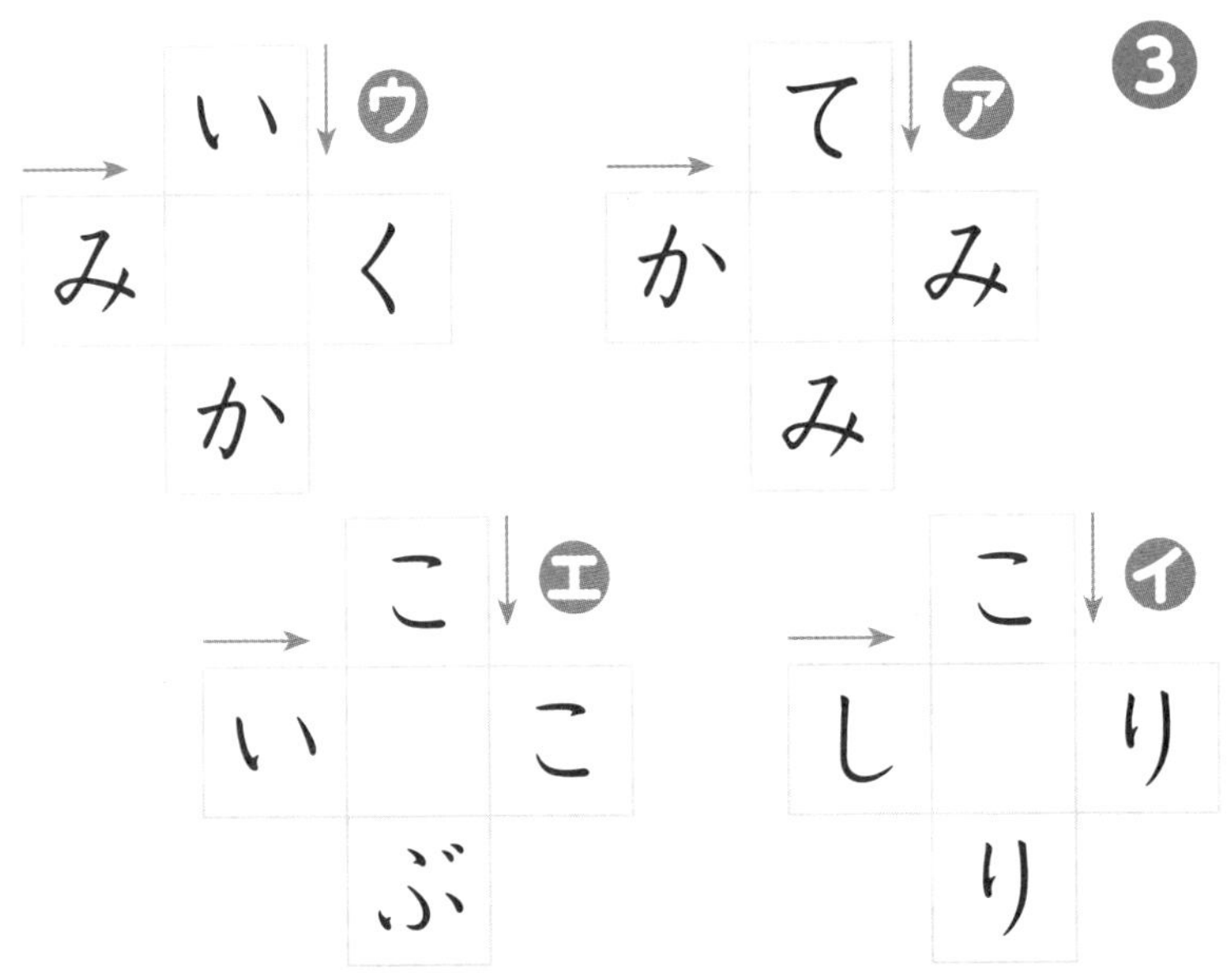

★答え(こた)は362ページにのっているよ！

学校のなぞなぞをさがしに行こう！

ふおおお……
ひらめきスターが……

外に出ずともこんなに集まった!!
よかったね、ナゾセン
家の中にもいろいろあるもんだね！

ぐうぜんとはいえすばらしい星にやってきたもんじゃ！
これなら宇宙船の燃料もすぐたまるじゃろ
ガチャコン
ガチャコン

このお茶ってやつもうまいの～
ところで
ズズ…

きみたちはふだんなにをしてすごしておるんじゃ？
ぼくたち？え～っと…

平日は学校に行って勉強したり友だちと遊んだりして…
ガッコウ？
それは一体…？
ナゾセンも行ってみる？学校

いいのかの～？
たしかに学校にもいろんななぞなぞがありそうだな！
じゃ、みんなにばれないようにこっそり…
翌日――

ちょっとむりがあったかな…
ぎゅうぎゅう…
ま、いいんじゃないい…
ワク
ワク
つぎは、学校のなぞなぞをさがしてみよう!!

学校の中にもなぞなぞいっぱい！

1 みんなにおんぶされて学校に行くものなあに？

2 話すとき前を向き、書くときはうしろを向く人はだあれ？

3 がっきはがっきでも音が出ない、学校の3つのがっきってなあに？

答えは62～63ページにのっているよ！

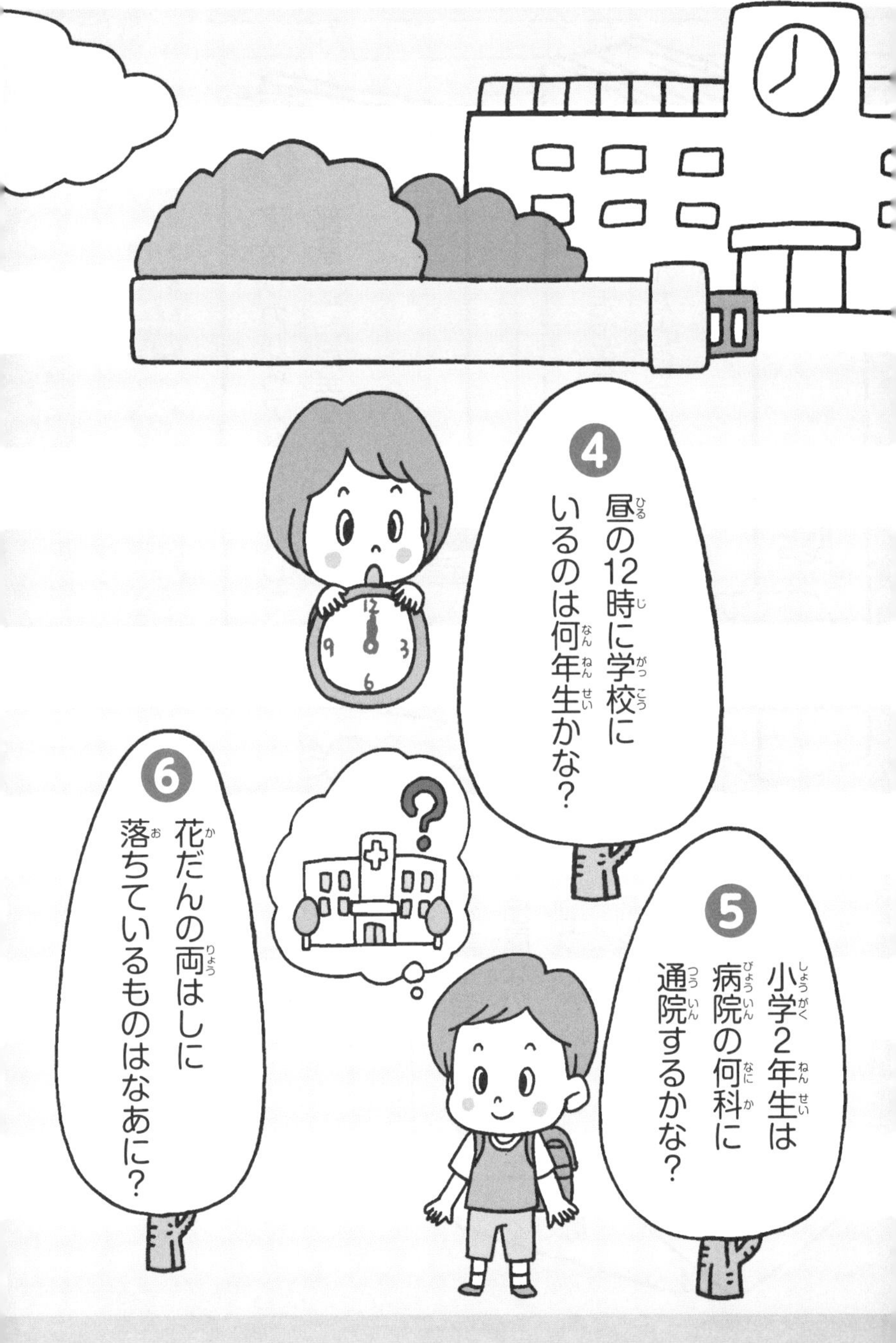
4
昼の12時に学校にいるのは何年生かな？
5
小学2年生は病院の何科に通院するかな？
6
花だんの両はしに落ちているものはなあに？

学校にある場所だよ

7 アメリカからアメをかくした部屋って何室かな？

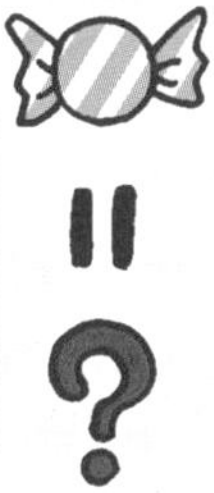

8 かみの毛を本のあいだにはさんだという部屋は何室かな？

ほ ん

9 お話や音楽を流す部屋なのに、品物をつつんでいるというのは何室かな？

答えは64〜65ページにのっているよ！

④小学5年生（小5＝正午）　⑤小児（小2）科　⑥かん（かだん）

⑩
授業中や雨の日に
みんなが走りまわる、
学校にあるかんはなあに？
⑪
学校の階段を上ると出てくる
ダンスをしたくなる
場所はどこかな？
⑫
学校の中で一番えらい
チョウがいる部屋はどこかな？

60-61ページの答え ①ランドセル ②先生 ③1学期、2学期、3学期

ステージ 2 なぞなぞしながら学校探検

もっとチャレンジ、学校なぞなぞ！

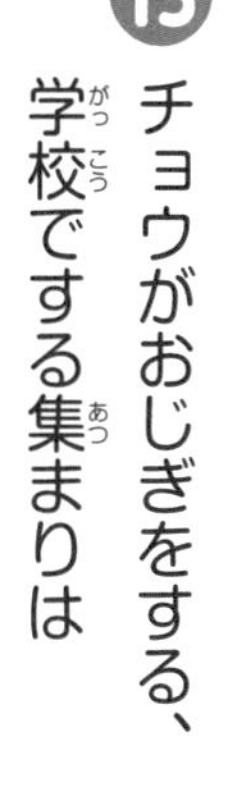

⑬ チョウがおじぎをする、学校でする集まりはなあに？

⑭ 学校にいて「今日だけは10さいだ」といっている大人はだあれ？

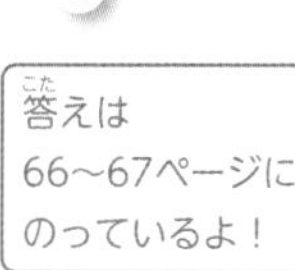

答えは66〜67ページにのっているよ！

⑪おどり場　⑫校長室

15

先生が1人しかいなくても
2人いるという
場所はどこかな？

16

学校で歌う歌で、
とても値段が高いといわれる
歌はなあに？

17

せきはせきでも、
上がるとうれしいせきって
どんなせき？

18

茶は茶でも
時間を知らせる
ちゃってなあに？

62-63ページの答え ⑦理科室 ⑧保健室 ⑨放送室 ⑩体育館

教室の中にあるものだよ

19 教室にある、絵がおしりにくっついているものはなあに？

20 教室で一番大きな顔をしていて、何度も顔をふかれるのはだあれ？

21 4本足で、かけることはできるのに走ることができないものはなあに？

答えは68～69ページにのっているよ！

16校歌（高価）　17せいせき　18チャイム

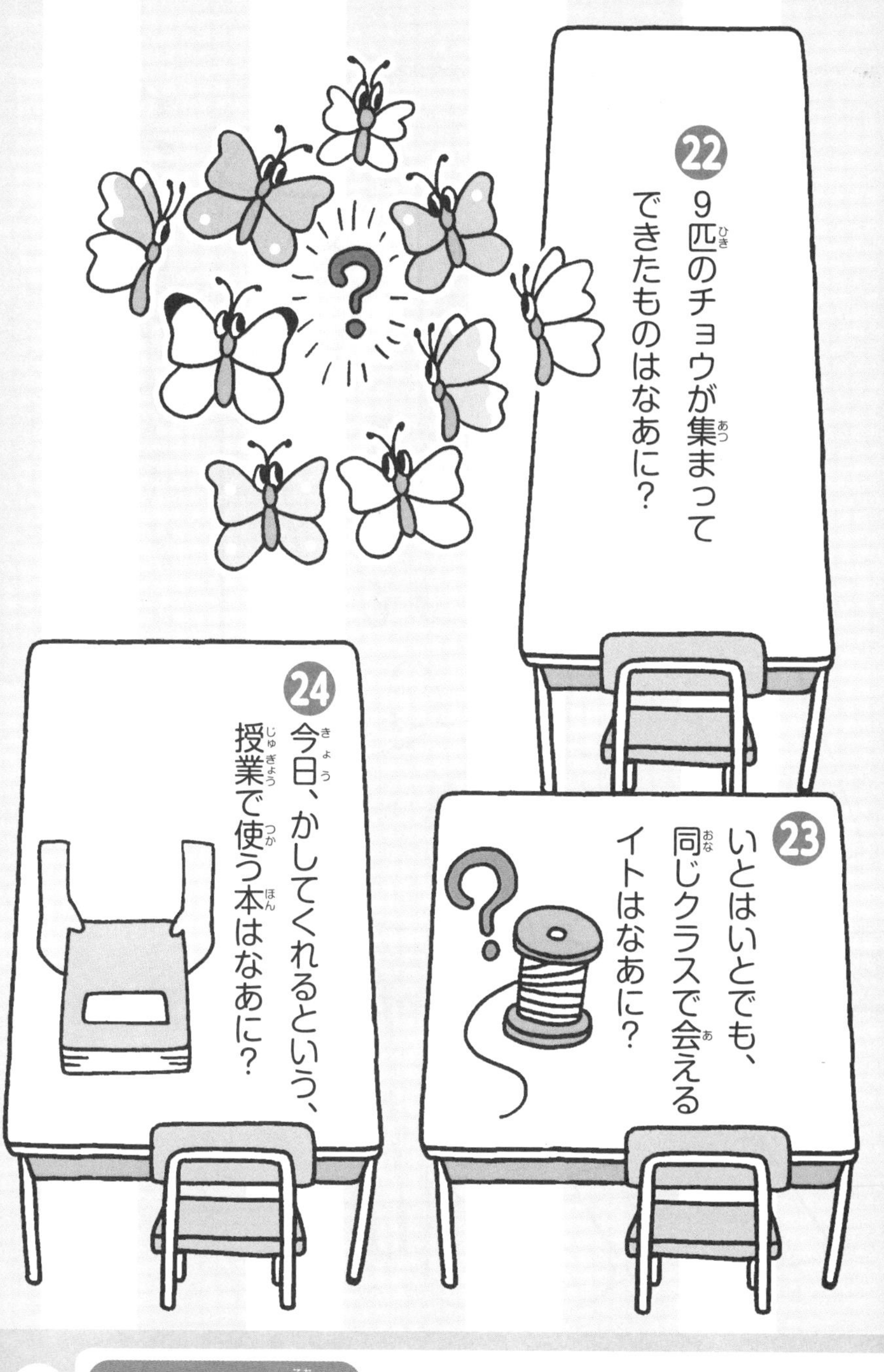

22
9匹のチョウが集まってできたものはなあに？
23
いとはいとでも、同じクラスで会えるイトはなあに？
24
今日、かしてくれるという、授業で使う本はなあに？

64-65ページの答え ⑬朝礼 ⑭教頭（先生） ⑮教室（教師2）

文房具のなぞなぞだよ

㉕ いつも英語で、ちがうといっている文具はなあに？

㉖ 黒いとんがり頭で紙の上をすべりながら小さくなっていくのはなあに？

㉗ 紙の上にゴミを出すのに、みんながよろこんで使うものなあに？

答えは70〜71ページにのっているよ！

㉓クラスメイト　㉔教科書

28
紙やノートの上にのせると、役に立たなくなるものはなあに？
29
「3を書こう」といっている文房具ってなあに？
30
もりはもりでも、じょうぎにくっついているのはどんなもり？
3

66-67ページの答え ⑲つくえ ⑳黒板 ㉑いす ㉒チョーク

まだまだ文房具なぞなぞ

31
文房具たちがバスケットボールをしたよ。「ぜんぜんパスが来なかった」といっているのはなあに？

32
土器といっても土から出てこなくて、算数のときに出てくるどきはなあに？

33
使うたびに頭をたたかれる文房具はなあに？

答えは72～73ページにのっているよ！

㉙三角じょうぎ ㉚目もり

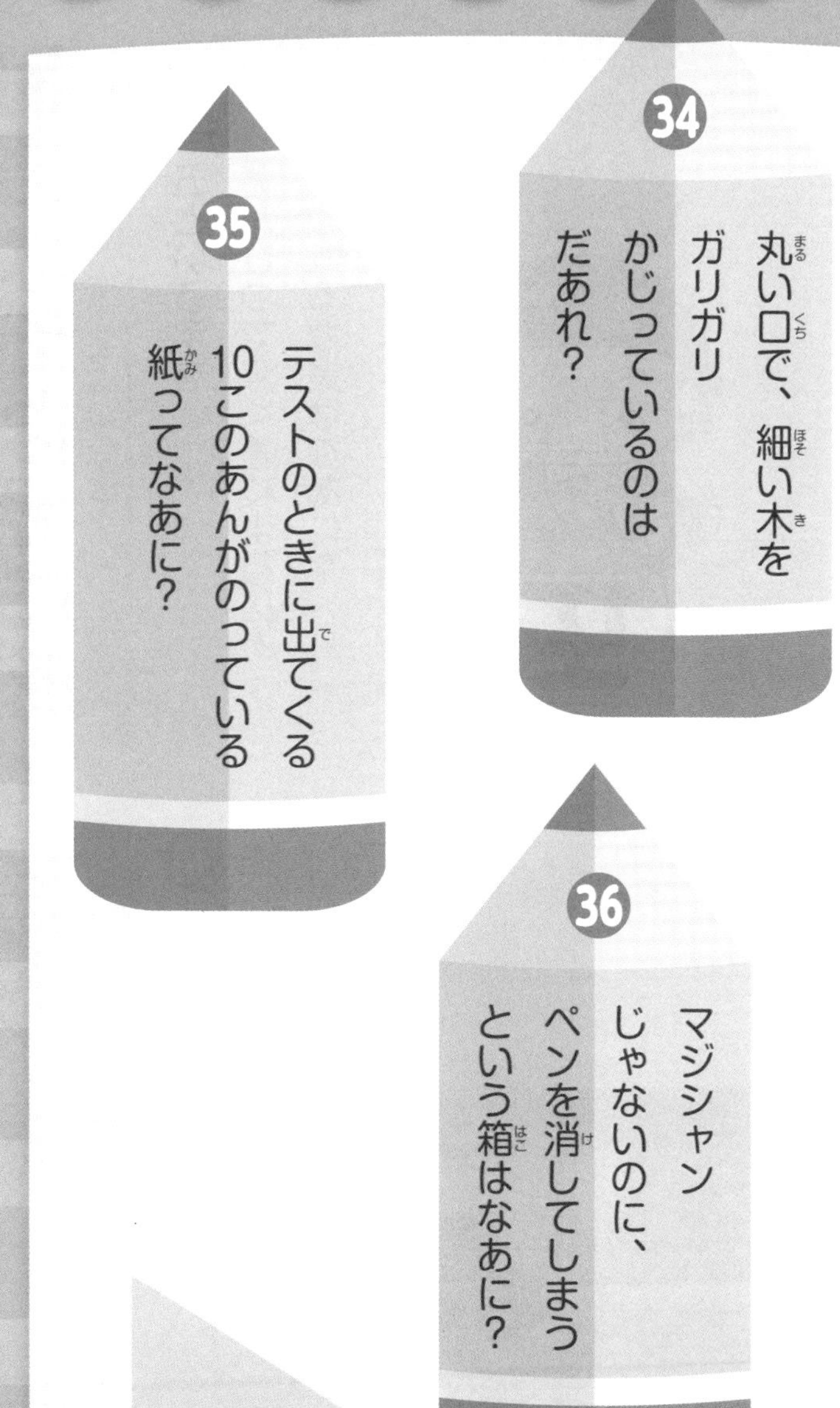

68-69ページの答え ㉕ノート ㉖えんぴつ ㉗消しゴム ㉘下じき

国語なぞなぞにチャレンジ！

37

五という字を
えんぴつで濃く書くようにと
いわれる授業はなあに？

38

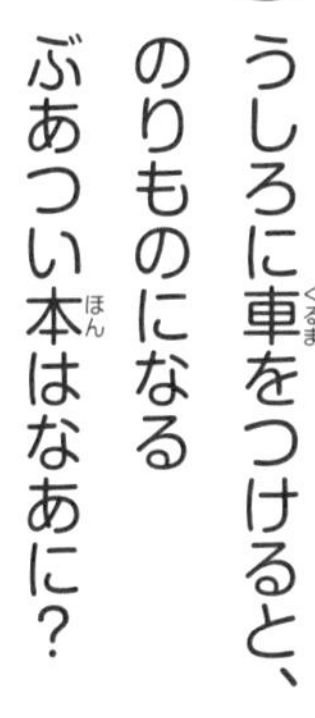

うしろに車をつけると、
のりものになる
ぶあつい本はなあに？

答えは
74～75ページに
のっているよ！

㉞えんぴつけずり　㉟とうあんようし　㊱ペンケース（ペン消す）

39

かんはかんでも、
絵や写真がいっぱいの
かんってなあに？

40

国語じてんの中で
一番最初に出てくる
文字はなあに？

41

とりはとりでも
漢字の練習をする
とりはなあに？

42

レスリングには
いろんなワザがあるけど、
国語の授業でために
なるわざってなあに？

70-71ページの答え　31 コンパス　32 分度器　33 シャープペンシル

漢字なぞなぞにチャレンジ！

43 スイカのりょうがわにある漢字はなあに？

44 ゴマつぶをとったら大きくなるどうぶつはなあに？

45 田んぼを上に持ち上げている力持ちはどんな人かな？

答えは76〜77ページにのっているよ！

40こ(こくごじてん) 41書きとり 42ことわざ

46

上には下にあって、
下には上にあるものは
なあに？

47

二本のぼうを持った人は、
どこまでのぼったかな？

48

点をつけたら、
丸いものになってしまう
エライ人はだあれ？

72-73ページの答え ㊲国語(濃く五) ㊳じてん ㊴ずかん

図書室にやってきたよ！

49
くじはくじでも本についている、ぜったいに当たらないくじはなあに？

50
むかし話の中にかならず出てくるくだものはなあに？

51
つくえやタンスを売っている店にいる、おひめさまってだあれ？

答えは78〜79ページにのっているよ！

46 一（横のぼう）　47 天　48 王（玉になる）

52
ゆびを見て、おやっと思ったおひめさまはだあれ？
おやっ？
53
ぼうしはぼうしでも、オニをやっつけた小さいぼうしってなあに？
54
生きているのに死んでいるようにいわれるおとぎ話はなあに？
しんでる？

74-75ページの答え　43月と木（水と火は曜日だよ）　44犬　45男

算数なぞなぞにチャレンジ！

55

授業中にスウスウとねている子がいたよ。なんの授業かな？

スウ
スウ
スウ

56

走りながらする計算ってなあに？

57

2つならぶとかがやく太陽になる数字はなあに？

答えは80～81ページにのっているよ！

52おやゆびひめ　53いっすんぼうし　54シンデレラ

76-77ページの答え　49もくじ　50なし（むかしばナシ）　51かぐやひめ

まだまだ算数なぞなぞ

61 横に切ると0になって、たてに切ると3になる数字はなあに？

62 1トンはとても重い重さ。では、羽根を打ち合うのはなにトンかな？

63 算数で、計算のテストがぜんぶ0点だったよ。さてなにざんだったのかな？

64 1円玉は1グラム。では音楽会の前にわたされる紙はなんグラムかな？

答えは84～85ページにのっているよ！

59暗算　60 9（ひっくり返すと6になる）

65

わることや
かけることはできても、
足したり引いたりできない
食べものはなあに？

66

算数でできるのは足し算。では
ふん火してできるのはなにざん？

67

なぞなぞを1000問も作って
感心されたのは、なぞなぞの
どんな人かな？

78-79ページの答え 55 算数　56 かけ算　57 3（サンサン）　58 5（午後）

なぞなぞすごろく

サイコロをふって、出た目の下に書いてある数だけマスを進んで、ゴールまで行ってね。なぞなぞのマスにとまったら、なぞなぞにチャレンジ！

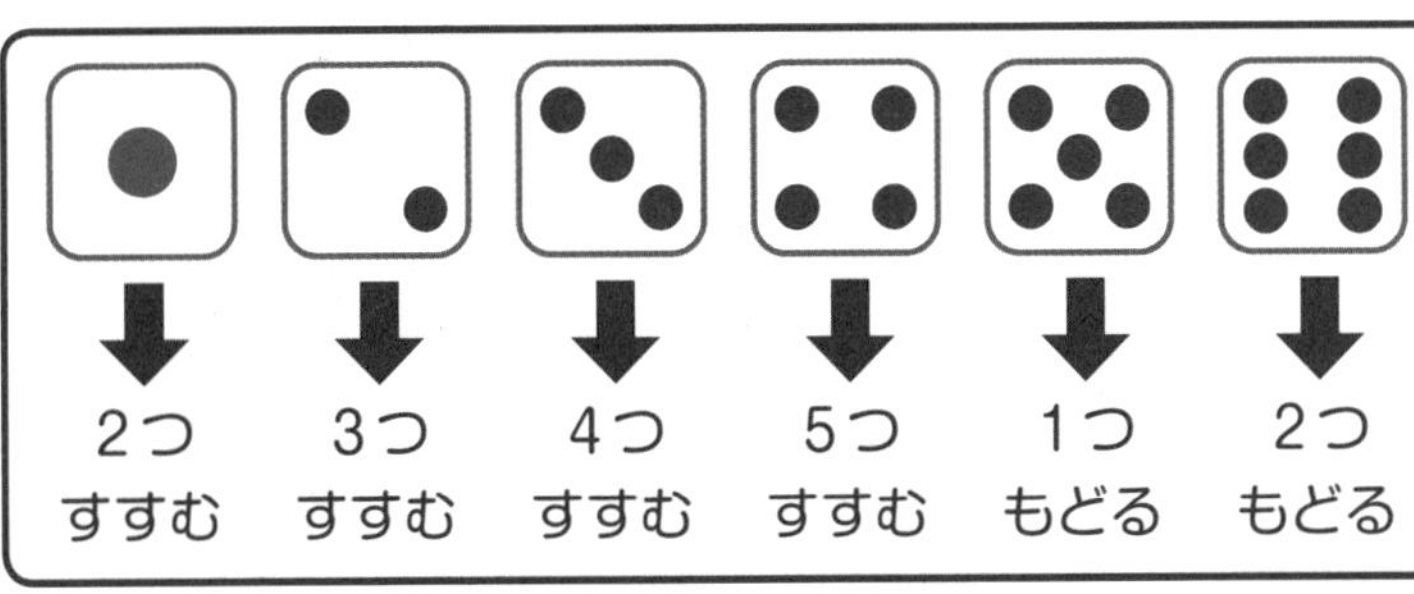

スタート

❶ シャープペンシルは生きているかな？死んでいるかな？

2つすすむ

❷ キツネが大すきな色はなに色かな？

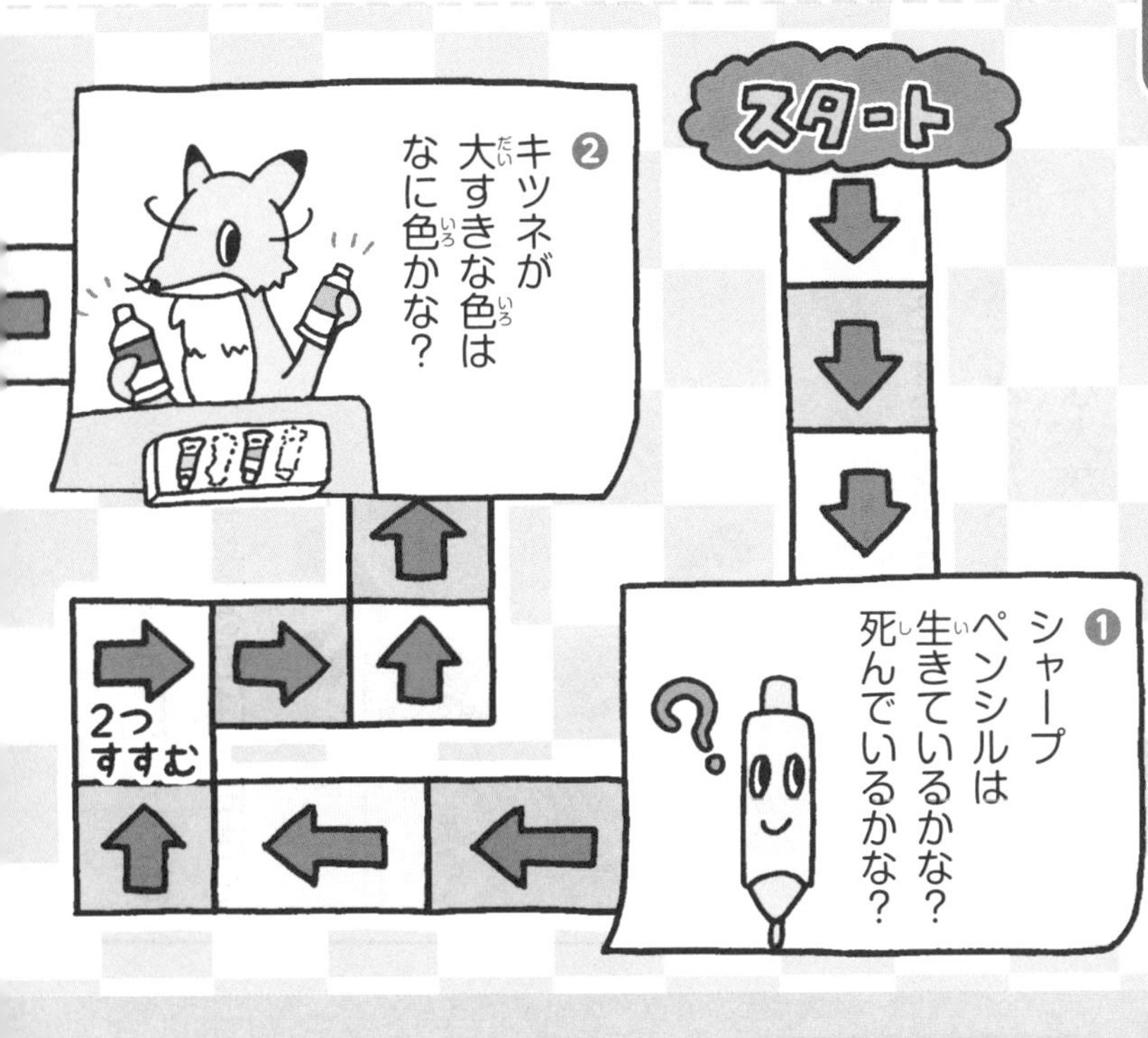

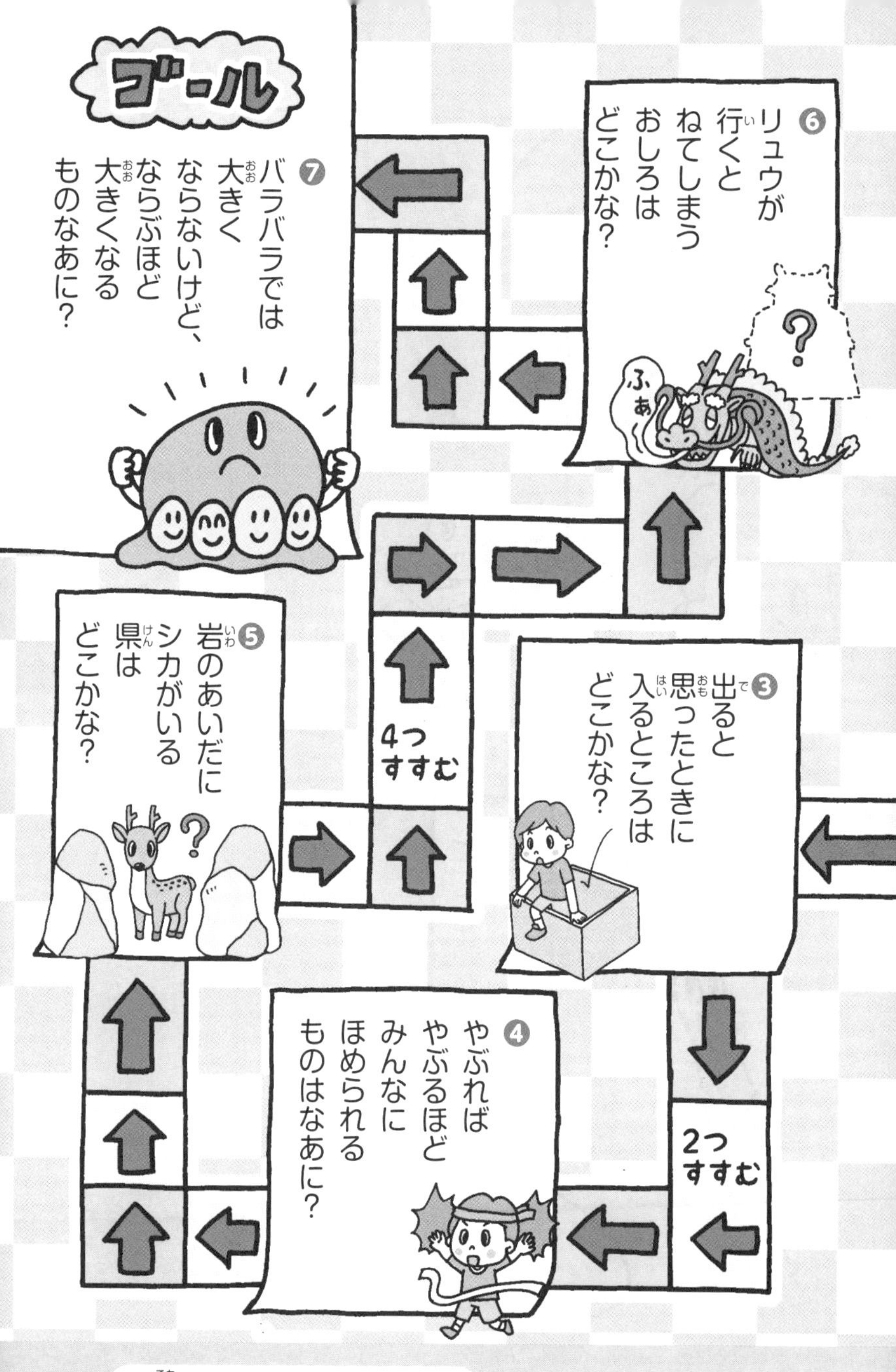

ゴール
❼バラバラでは大きくならないけど、ならぶほど大きくなるものなあに？
❻リュウが行くとねてしまうおしろはどこかな？
ふぁ
❺岩のあいだにシカがいる県はどこかな？
4つすすむ
❸出ると思ったときに入るところはどこかな？
❹やぶればやぶるほどみんなにほめられるものはなあに？
2つすすむ

★答えは357ページにのっているよ！

音楽室にやってきたよ！

68 右に行くほどだんだん高くなるものなあに？

69 金曜日のつぎの日に歌う歌はなあに？

70 とても頭がよいといわれる楽器はなあに？

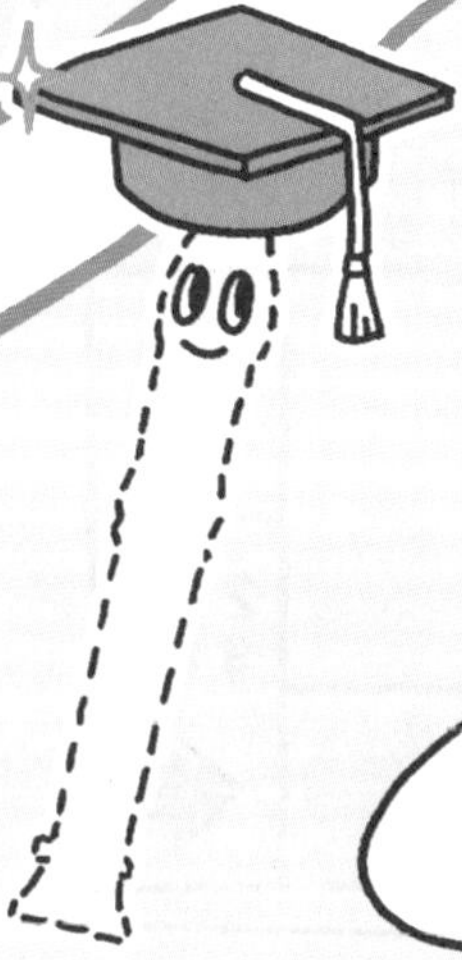

答えは86～87ページにのっているよ！

65たまご　66火山　67専門家（1000問か～！）

71
古くなったピアノの音は
どんなふうに鳴るかな？
72
水曜日と土曜日のあいだに
習う楽器はなあに？
すい
水
ど
土
?
73
手でたたく楽器なのに、
軽くたたいてもやぶれそうな
名前のものはなあに？
74
両手を合わせたら聞こえてきた
音楽ってなあに？
♪〜

80-81ページの答え　61 8　62 バドミントン　63 さんざん　64 プログラム

図工なぞなぞにチャレンジ!

75
図工室にいる
かわいいどうぶつは
なあに?

76
えんぴつの頭についていて、
がくに入れてながめるものは
なあに?

77
おなかを押されると、
頭から色を出すものは
なあに?

答えは
88~89ページに
のっているよ!

70リコーダー(利口だ) 71ボロンボロン 72もっきん 73タンバリン 74合唱(合掌)

78

ウシはウシでも、体に絵をかかれる白いウシはなあに？

79

人に命令する色はなあに？

80

4は4でもいろいろな色があるのはどんなヨンかな？

81

町に伝わるのが村よりも後だったという色はなあに？

84-85ページの答え 68 音かい（ドレミファソラシド） 69 どうよう（土曜）

校庭は広いな〜

82
中に道具が入っている、
はきものなあに？
○○どうぐ○

83
とんだり、かけたり、ひっぱったり
するかいってなあに？

84
手でぶら下がらないと
進めないいものなあに？

答えは
90〜91ページに
のっているよ！

85
どんはどんでも
食べられなくて、運動会で
よく聞くのはなにドン？
?
86
回ったり、さかを
上がったりできる、
ぼうはなあに？
87
運動会で、上でぶらぶら
下でぱくぱく。
これなあに？
88
運動会で、１位になる人が
かならず２人いる
きょうぎはなあに？
1

86-87ページの答え 75 子ウシ（ず「こうし」つ）　76 絵　77 絵の具　78 画用紙

理科なぞなぞにチャレンジ！

89

カに食べられながら、
している勉強ってなあに？

90

「またAのつぎかー」と
いっている、
理科で使うものなあに？

4本の剣が
ささっているカンってなあに？

答えは
92〜93ページに
のっているよ！

92

指でつまれて、
液体をすいあげたり
はきだしたりするイトはなあに？

93

水は液体。空気は気体。
では、かき氷はなにたい？

94

おはようはあいさつ。
では毎日よく見てノートに
書くのはなにさつ？

95

理科室でビーカー3こが
歌っていたコーラスはなあに？

88-89ページの答え ㉜運動ぐつ ㉝運動会 ㉞うんてい ㉟よーいドン

アルファベットが答えだよ！

96
さかさにすると楽器になる
アルファベット1文字なあに？

97
さかさにすると
住むところになる
アルファベット1文字なあに？

98
さかさにすると
コイのいるところになる
アルファベット1文字なあに？

答えは
94〜95ページに
のっているよ！

92スポイト　93つめたい・食べたい　94かんさつ　95さんびか(3ビーカー)

99

すぐに休みたがる
アルファベット2文字の
組み合わせはなあに？

100

渋柿を食べた人がいう
アルファベット2文字の
組み合わせはなあに？

101

活やくして、
みんなにそんけいされる
アルファベット2文字の
組み合わせはなあに？

102

はんにんをおいかけている
アルファベット2文字の
組み合わせはなあに？

90-91ページの答え 89 化学（カが食う） 90 ビーカー 91 しけんかん

午後はなにするの？

103

学校で1回しか食べないのに、9回食べるというのはなあに？

9回食べる！

104

かずはかずでも、給食のときに出てくるかずってなあに？

105

ヒョウはヒョウでも給食の予定を知っているヒョウはなあに？

答えは96〜97ページにのっているよ！

99 QK(キュウケイ・休けい)　100 CV(シーブイ・渋い)　101 AU(エイユウ・英雄)　102 KG(ケイジー・刑事)

92-93ページの答え　96 F(エフ・笛)　97 A(エイ・家)　98 K(ケイ・池)

ステージ2 なぞなぞしながら学校探検(がっこうたんけん)

学校(がっこう)にあるものをさがしてみよう！

109 その前(まえ)に行(い)くと世界(せかい)が見(み)えるというすごいものはなあに？

110 走(はし)るとおこられる、長(なが)い力ってなあに？

111 だいはだいでも、早(はや)く片(かた)づけないとあそべないだいはなあに？

答(こた)えは98～99ページにのっているよ！

107ほうかご　108ゲコゲコ(下校(げこう))

112
宿題を忘れた子が、持ってるぼうはなあに？
113
木を折る音がする、学校に入るとき、はくものなあに？
114
人はおよげるのに魚はおよげないところはなあに？
115
剣道で使うのはぼう具。では勉強で使うぼう具は？

94-95ページの答え 103給食 104おかず 105こんだてひょう 106そうじ当番

どんどんつづくよ、学校なぞなぞ！

答えは100〜101ページにのっているよ！

116
学校で、チャイムではなく
鐘が3回「カーン」と
なる日はどんな日かな？

117
サッカーの試合では
ぶつけて使い、
勉強するときはひねって
使うところはなあに？

118
かんはかんでも、
木や金や土が
入っているかんはなあに？

119
せきはせきでも、
学校に行けない
せきってなあに？

120

とび箱と柔道、
にているところはなあに？

121

1年生のときより
2年生、3年生と
だんだんのびていくのは
なにちょう？

グンッ グンッ

122

2が9になる
道ってなあに？

123

かたいかどうか
聞いてしまう
科目はなあに？

かたい？

96-97ページの答え ⑲世界地図 ⑩ろうか ⑪宿題 ⑫わすれんぼう

ダジャレなぞなぞ

124 いつもないている
グラフは、
なにグラフ？

125 シとラの音を、
ゆうきを持って歌い出した、
おひめさまはだあれ？

126 「運動場を使っていい？」と
聞かれた先生は
なんといったかな？

答えは
102〜103ページに
のっているよ！

120どちらも段がある　121身長　122通学路（2が9）　123家庭科

127 音を出さない楽器は
どんな性格かな?

128 板をずらしてあそんでいた
子どもは、なんといって
しかられたかな?

129 どこを走っているのか、
わからなくなったランナーは
なんというかな?

130 むずかしい問題を
といた人は、
なんといってじまんした?

98-99ページの答え 116さんかん日 117頭 118 1週間 119けっせき

いじわるなぞなぞ

131

急に先生が車で
ぼくの家に来たよ。
先生はなんで
来たんだろう？

132

どれだけ練習しても
ピアノが
うまく
ならないのは、
なぜかな？

133

家の上にくっついて、
はなれないものなにかな？

答えは
104〜105ページに
のっているよ！

134

サッカーの試合は3時から。
では2時に選手たち全員が
していた同じことって
なにかな?

135

100年生きるというカメを
かったのに、つぎの日に
死んでしまったよ。
なぜかな?

136

「ご」のつくものは
「ごはん、ごま、ごぼう」など
あるけれど、4と6のあいだに
あるのはなにかな?

137

ぼくは5さいのとき
身長が90センチ。
10さいでは120センチだったよ。
では15さいのときはいくつに
なったかな?

100-101ページの答え 124 円グラフ(え〜んグラフ) 125 しらゆきひめ(シラゆうき) 126 うん、どうじょう

138 線を1本足して、正しい式にしよう。
（ヒント：＝の左がわの、どこかに入るよ。）

5 + 5 + 5 = 550

139 これは、なあに？

P×10000

140 □に入る数は、どっちかな？

5 と 0→5 が強い
5 と 2→5 が弱い
2 と 0→□が強い

141 マッチぼうで、四角形を2コ作ったよ。
2本動かして3コにしよう。
（ヒント：四角を 3 コ、とはいってないよ。）

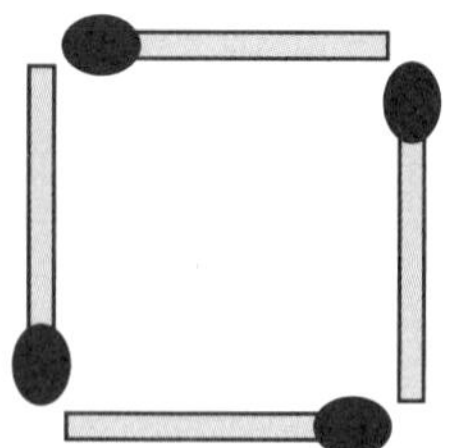
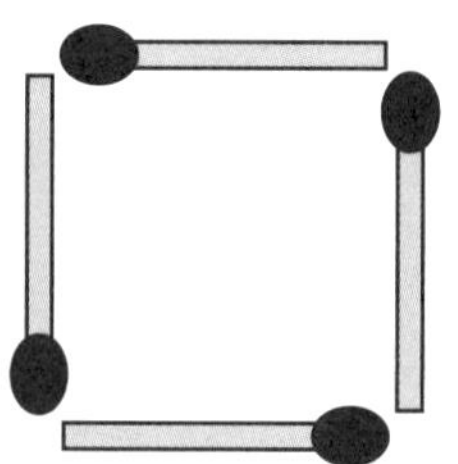

142 食べものが2しゅるい。なにと、なにかな？
(ヒント：海を英語で「シー」というよ。)

10＋海

143 ○を3こずつ直線で消そう。
1つもあまらないようにね。

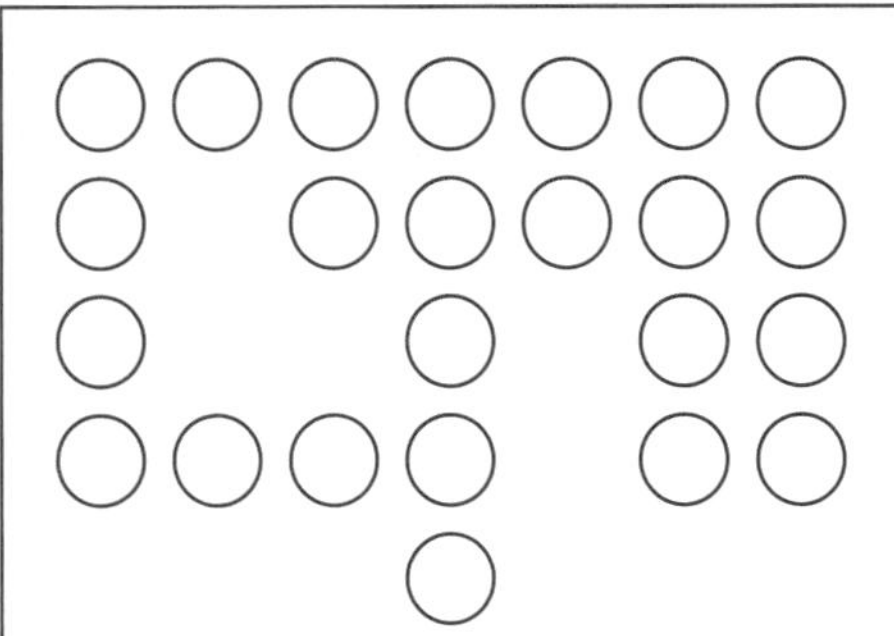

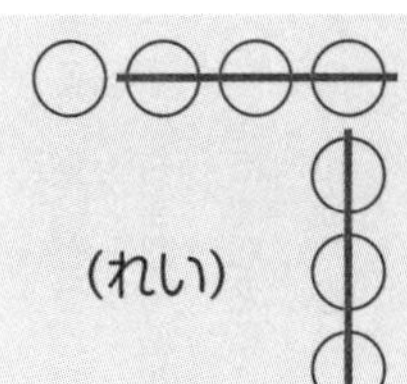

144 キューブをころがして、■の場所につくとき、
▲が真上になるのはどれかな？
(キューブの反対がわも同じマークだよ。)

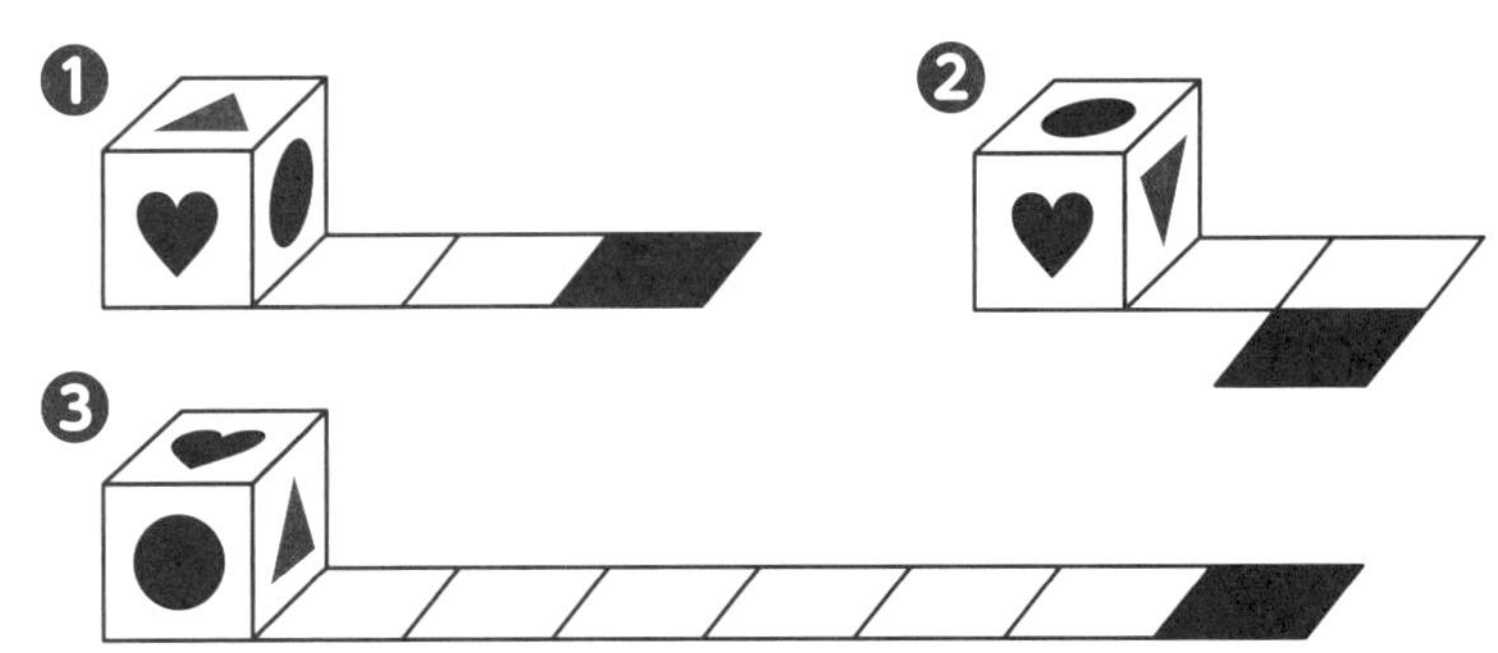

102-103ページの答え 131車で来た　132ドとレだけ練習したから　133ウかんむり

ステージ2 なぞなぞしながら学校探検

なぞなぞクロスワードにチャレンジ！

「たてのカギ」「よこのカギ」のなぞなぞの答えを、同じ番号のマスからスタートして書こう。小さい「っ」も大きく書くよ。

「たてのカギ」

②6月ごろにあらわれる、しっぽが長い黒い鳥はなあに？
③お米やお酒をはかるときに使っていた、四角いもの。
④しっぽが大きい、小さなどうぶつだよ。
⑤地下を走る電車だよ。
⑧木を平たくしたものは？
⑨コップだけどガラスじゃないよ。
⑩外に出かけるときにはくよ。
⑫オスにはたてがみがある、強いどうぶつ。
⑬ユーカリの葉を食べ、子どもをおんぶするよ。
⑯黄色い秋の花。おぶつだんにそなえることもあるよ。
⑱おもちを丸くしてクシにさした、おいしいものは？
⑳地球には、海と□□があるよ。

「よこのカギ」

①おみこしや屋台を見られる、夏のイベントだよ。
⑥たくさんの人をのせて道を走るのりものは？
⑦みどり色で、しましまもようのくだものは？
⑨うらしまたろうを、せなかにのせた生きもの。
⑪四角形には□□と、よこがあるね。
⑫おなかで貝をわる人気ものだよ。
⑭お化けが出ると「□□□よ～」。
⑮夏のあとに来るきせつは、なあに？
⑰にもつをせおって、さばくを歩くどうぶつだよ。
⑲頭に茶色いシロップをのせた黄色い食べもの。
㉑虫をとったら、これに入れるよ。

1	2	3		4		5
	6			7	8	
9			10		11	
		12		13		
14				15	16	
				17		18
19	20					

マスにぜんぶのことばが入ったら、下のマスに
同じ記号や数字の文字を入れて、左から読もう。なんて読めるかな？

☆	♡	1	18	8	7	16

★答えは363ページにのっているよ！

どんどんひらめきスターを集めよう!!

おかげで
またこんなに
集まったぞ
ザザー
わたしも頭が
きたえられてきた
気がする!

どうりで
行きより
重かった
わけだ…
イエ～イ
ホッホッホ

あと少しでワシの
宇宙船も
ふっかつじゃ♪
そうだ
ナゾセン!
地球ののりものも
見ていったら?
おっ、
それいい!

ホホッ、こんどはきみの
にもつにはならんよ!
2つの
意味で
どうじゃこの変装
理科室から拝借したぞ
さあ、つぎは
町にくりだすよ!
勝手にっ
明日
返さない
と…

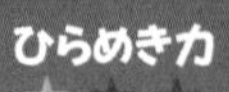

町の中にもなぞなぞいっぱい！

①「とらん」というのに、しっかりお金をとる食べものやさんはなあに？

②紙をどんどん飲みこむ、赤い体に口ひとつのものはなあに？

③目の前でしたを出してもおこらない人がいるところってどこかな？

答えは112〜113ページにのっているよ！

4
カステラの上を半分食べたら見つかる建物はなあに？
5
病気じゃないのに大人の人が行くのは、どんないしゃ？
6
交差点にぼ〜っと立っている三つ目のお化けはなあに？

ステージ3 なぞなぞの町にとびだそう！

まわりをよ～く見てみよう

答えは
114～115ページに
のっているよ！

⑩
鳥が4羽とんできたよ。下りると数が半分になる場所はどこかな？
⑪
自動車が走るためにとまるところはどこかな？
⑫
遠くを見るときに使うのは望遠鏡だけど、道路をわたるときに使うのはなにきょう？

110-111ページの答え ①レストラン ②ポスト ③病院 ④寺 ⑤会社

いろんな場所があるよ

13 きはきでも、列車がとまるきはなあに？

14 日本中をなかよくならんで通っている鉄のぼうはなあに？

答えは116〜117ページにのっているよ！

⑩庭（２羽）　⑪ガソリンスタンド　⑫歩道橋

15

さつはさつでも、
駅の入口にある
さつってなあに？

16

きりはきりでも、
目の前を電車が通る
きりはなあに？

17

電車や自動車が通る
ブタのねどこって
なあに？

18

電車の中でうがいをする人が
いるよ。
この電車はこんでいる？
空いている？

112-113ページの答え ❼かんばん　❽電柱（電信柱）　❾バスてい

行ったこと、あるかな？

19
きょうりゅうの骨や
化石などでいっぱいの
カンってどんなカン？

20
カンはカンでも、
魚がいっぱいおよいでいる
カンはなあに？

21
カンはカンでも、
人が入って
ねることができる
カンってなあに？

答えは
118～119ページに
のっているよ！

18 空いている（ガラガラ）

22
足を回すと進む、
骨だらけの
やせっぽちなあに？

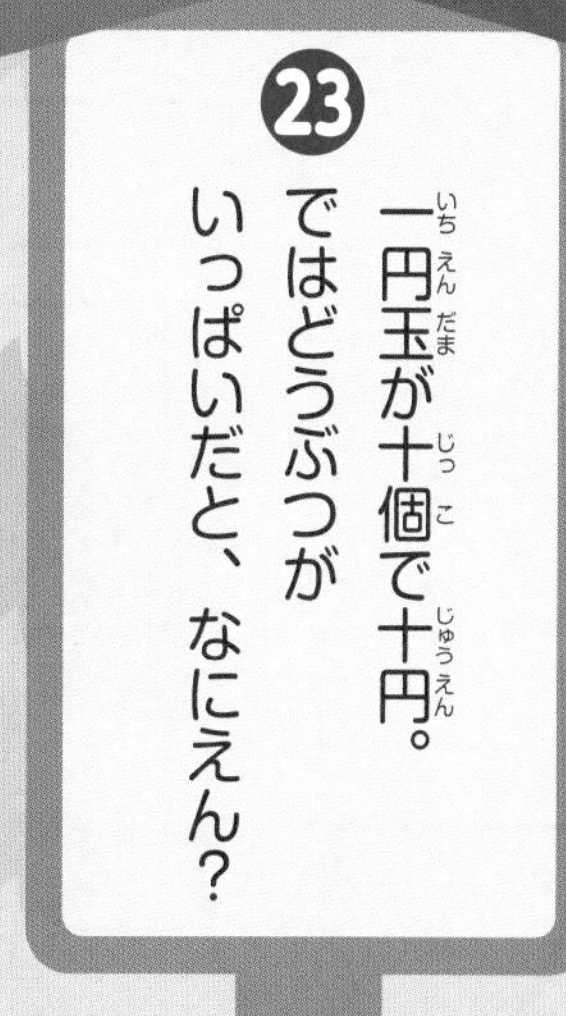

23
一円玉が十個で十円。
ではどうぶつが
いっぱいだと、なにえん？

24
いつも
今日なのかどうか
聞いているところって
どこかな？

114-115ページの答え　⑬駅　⑭線路　⑮改札　⑯ふみきり　⑰トンネル

お店やさんなぞなぞだよ

25
お店の人がいつも大わらいしているのはなにやさん？
10

ご
26
頭に「ご」の字をつけると、せきをしたようになるのはなにやさん？

答えは120〜121ページにのっているよ！

116-117ページの答え ⑲博物館 ⑳水族館 ㉑旅館 ㉒自転車

いろんなしごとがあるね

31 ぼくのいるところは3丁目5番地。ではおまわりさんが立っているところはなん番かな？

32 相手のいうことに、うなずいてから、そうだというのはなにやさん？

33 食べものやさんじゃないのに、上におもちがついているのはなにやさん？

答えは122～123ページにのっているよ！

28とこやさん 29そばやさん 30花やさん

118-119ページの答え　25おかしやさん　26本やさん　27売店（倍店）

ステージ3 なぞなぞの町にとびだそう！

町の中のなぞなぞだよ

37

百億より千億より上にあるところはどこかな？

38

月火木金日の曜日には、やらない工事はなあに？

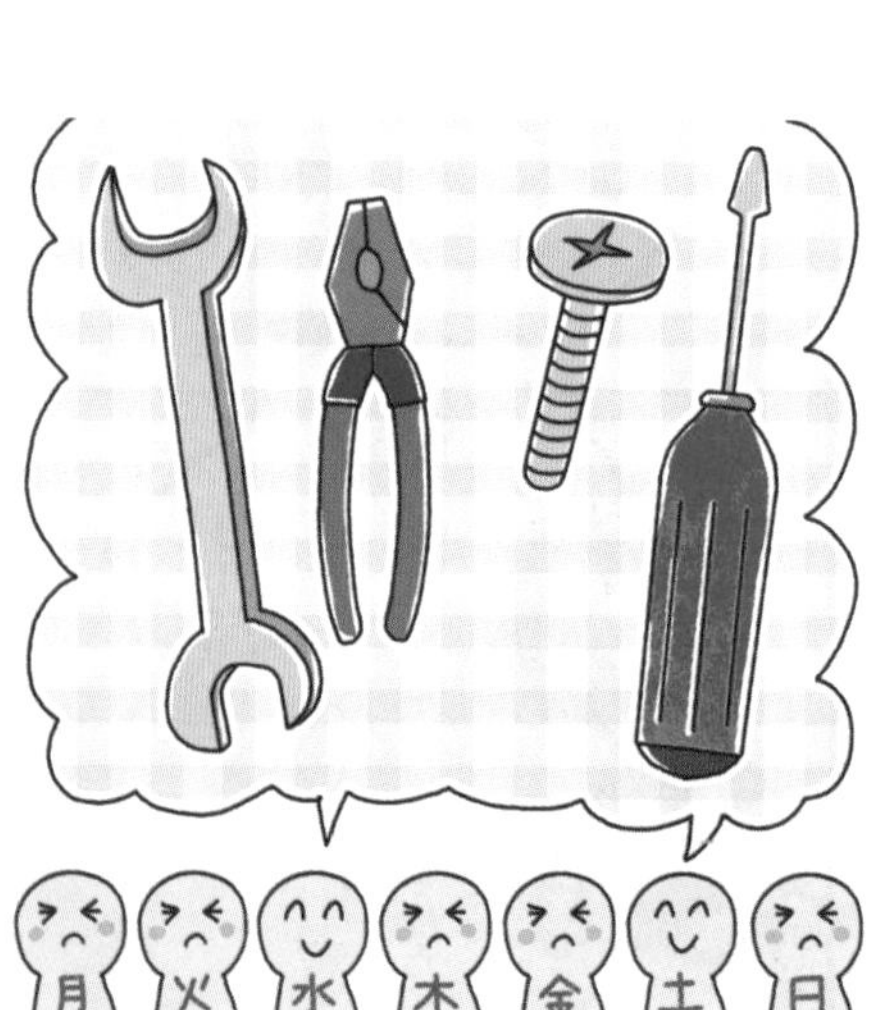

答えは124～125ページにのっているよ！

39

大人も入れるのに、
子どものためのドアだと
いうのはなあに？

40

ウシが食べないで人間が食べる、
おなかいっぱいにならない草は
なあに？

41

いごはいごでも、
ママとはぐれた
いごってなあに？

42

ベルはベルでも
12月によくなる
ベルはなあに？

120-121ページの答え ㉛交番 ㉜運送やさん ㉝おもちゃやさん

43
建物の中に入ったら
目まいがしたよ。どんな建物かな？

44
集まっていたおじさんの
まん中に、ゾウが入ってきたら
なにになったかな？

答えは
126～127ページに
のっているよ！

㊴自動(児童)ドア　㊵みちくさ　㊶まいご　㊷ジングルベル

45
夏の夜に音を立てて開く花はなあに？
46
鼻にツノがあるどうぶつが1000頭も、入っているという箱はなあに？
47
つりはつりでも、たいこやふえを使うつりはなあに？
48
こしはこしでも、おまつりのときにみんなでかつぐこしはなあに？

122-123ページの答え ㊲おくじょう（億の上） ㊳水道工事（水、土）

ゆうえんちはたのしいな！

49
コップをのせるのはコースター。
では人をのせて
キャーキャーいわせるのは
どんなコースター？

50
自動車は前に進むけど、
回りながらのんびり上がって
のんびり下りるのはなに車？

51
のると、ごうかな気分に
なるのりものはなあに？

答えは
128〜129ページに
のっているよ！

46さいせんばこ 47まつり 48おみこし

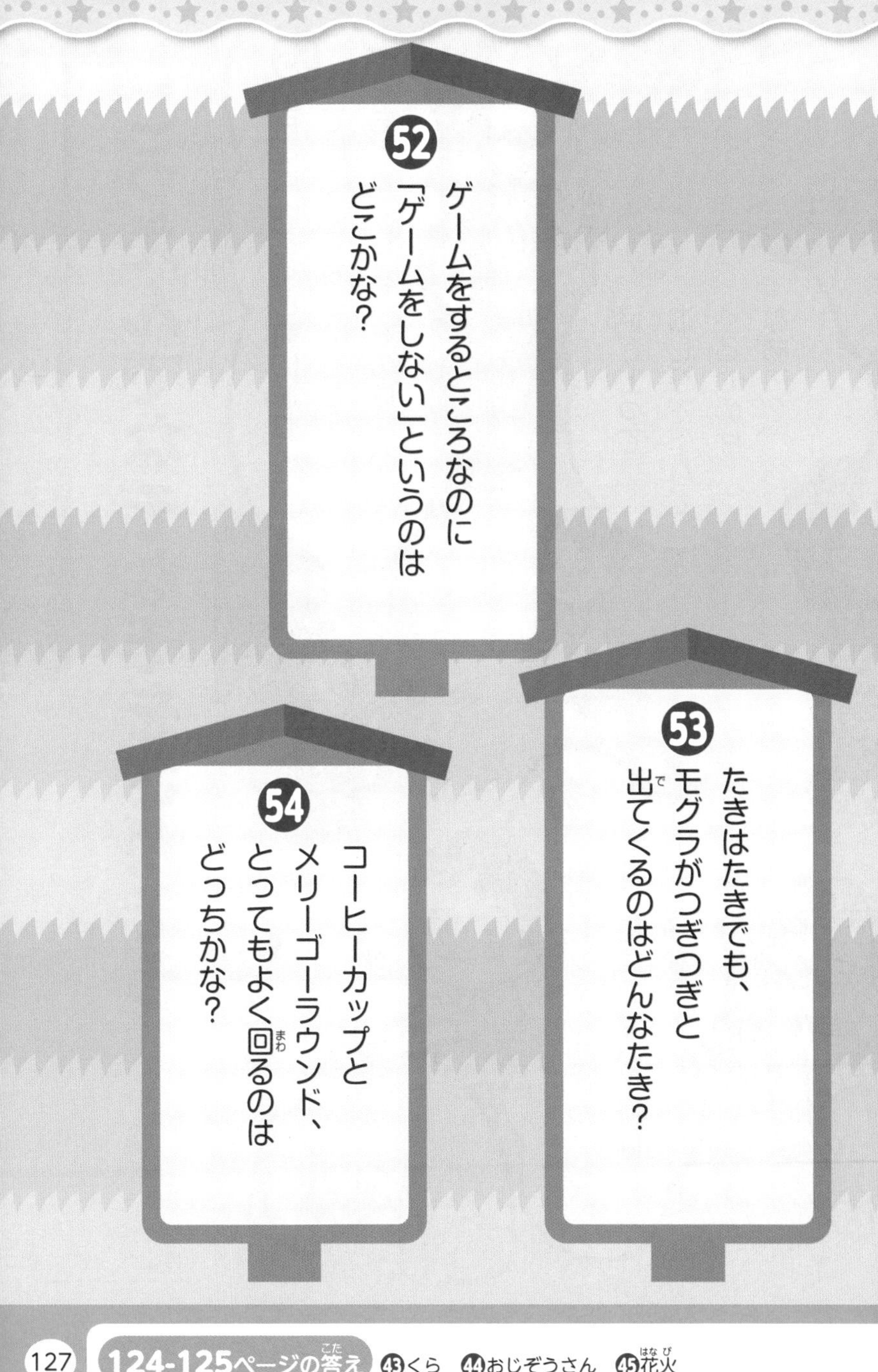

124-125ページの答え 43くら 44おじぞうさん 45花火

こうえんでなぞなぞをさがそう

55
自転車はこぐと前に進むよ。ではこいでもこいでも元にもどってしまうものはなあに？
56
足で上って、おしりで下りてくるものはなあに？
57
山やトンネルを作っても、すぐにこわせる場所はどこかな？

答えは130〜131ページにのっているよ！

㊷ゲームセンター　㊸モグラたたき　㊹コーヒーカップ（取っ手も回る）

126-127ページの答え　㊾ジェットコースター　㊿かんらん車　51ゴーカート

自動車のなぞなぞだよ！

60 クシはクシでも手をあげてひろえるクシはなあに？

61 おれいを10回もいわれている車ってなあに？

62 なんにものせていないのに「トラが九頭いる」という車はなあに？

63 おどろいてぶつかってしまったのりものってなあに？

答えは134〜135ページにのっているよ！

59 シーソー

小学生しか
のっていない
車はなあに？

65

どうしても
数字の
100の前で
とまる車は
なあに？

66

「ハイ」と返事をしたのが、
魚のブリだったという
車はなあに？

128-129ページの答え　55ぶらんこ　56すべり台　57すなば　58ジャングルジム

なぞなぞめいろ

(軽自動車)→(トラック)→(ワゴン車)をくりかえしながら、ゴールまで行こう。
とちゅうのはたらく車なぞなぞもといてね。

★答えは357ページにのっているよ！

いろいろなのりものがあるね！

67 人のいうことを聞かない
のりものはなあに？

68 てつはてつでも
穴の中を走って
いるてつはなあに？

69 うきはうきでも、
水にういてなくて
空をとんでる
うきはなあに？

答えは
136〜137ページに
のっているよ！

63ワゴン車　64自動（児童）車　65きゅうきゅう車　66ハイブリッド車

70
1人でのっていて動いているのに、のっている人がねていてもあぶなくない車はなあに？
ZZZ
2倍
71
のると、いつもよりごはんを2倍食べたくなるものはなあに？
72
9本の木をのせて、空にういているものはなあに？

130-131ページの答え　60タクシー　61れいとう車　62トラック

まだまだのりもののなぞなぞ！

73 年をとればとるほど しわがとれて、つるつるの肌になるのは なあに？

74 のりものなのに、前にもうしろにも 進めないものはなあに？

75 車が落としても、だれもひろって あげないものはなあに？

答えは 138〜139ページに のっているよ！

71 バイク（倍、食う） 72 気球

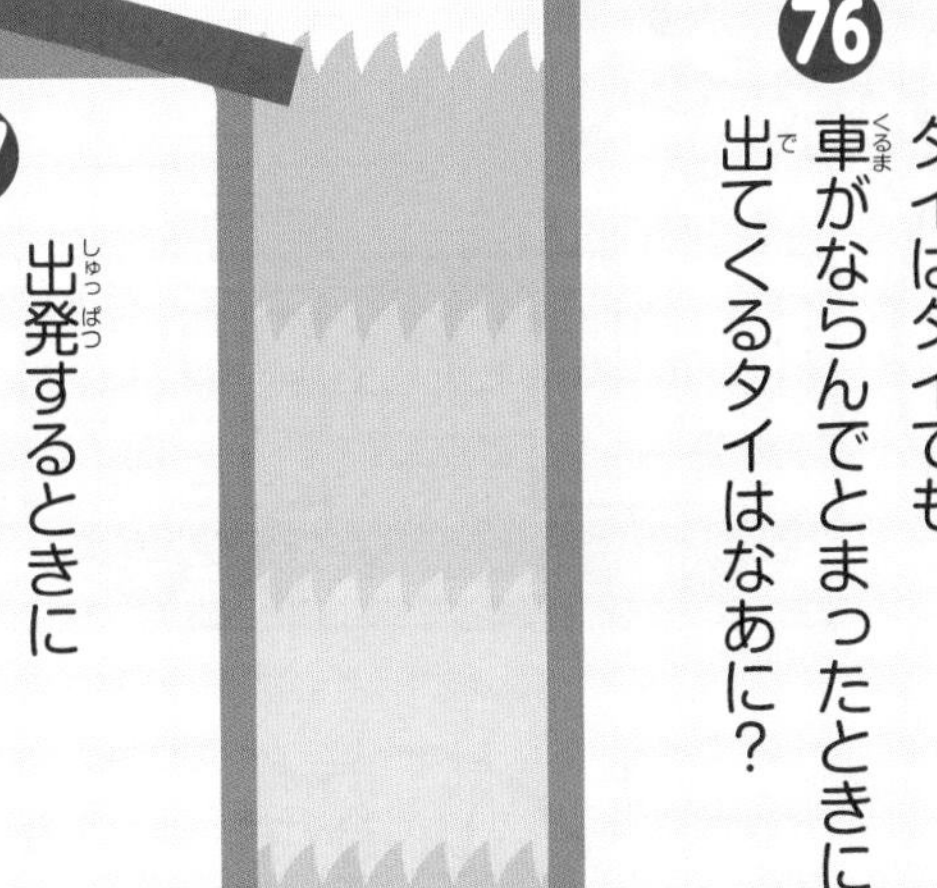

76

タイはタイでも、車がならんでとまったときに出てくるタイはなあに？

77

出発するときに「はっ」としてしゃべるものはなあに？

78

暗いといってクシャミをした、自動車にあるものなあに？

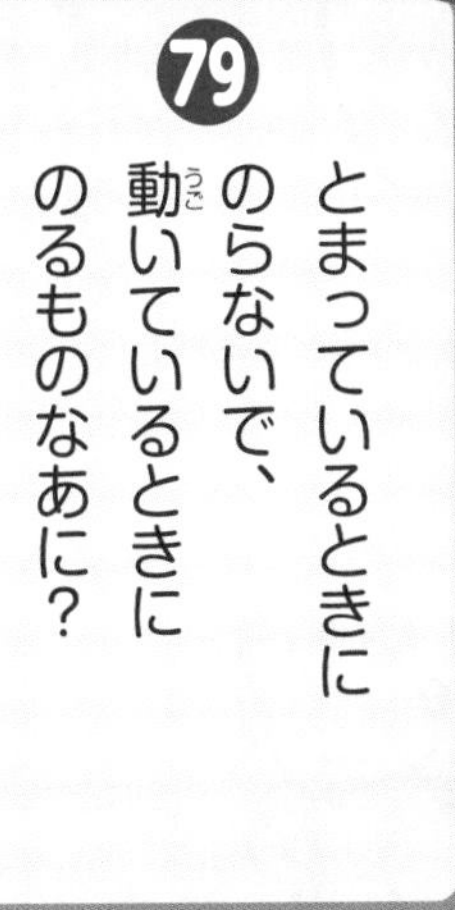

79

とまっているときにのらないで、動いているときにのるものなあに？

134-135ページの答え 67きかん車 68地下鉄 69ひこうき 70ベビーカー

のっている人は、だあれ？

80 電車の一番前にのっている天使ってだあれ？

81 ちょうはちょうでも、ひこうきをうごかしているのはなにちょうかな？

82 ゆび1本でバスをとめた、すごい人はだあれ？

答えは140〜141ページにのっているよ！

77 発車ベル　78 クラクション（暗！クション）　79 エスカレーター

83
自動車の運転ができる工具ってなあに？
84
バスの中で、お年よりに席をゆずってはいけない人はだあれ？
85
かんこうバスの中で、みんなを案内する、いどってなあに？

136-137ページの答え ㉓タイヤ ㉔エレベーター ㉕スピード ㉖じゅうたい（渋滞）

きみの町にもあるかな?

86 お母さんがパートに出たところはどこかな?

いってきます!

87 じゃんけんでグーに勝った王さまがいる場所はどこかな?

答えは142〜143ページにのっているよ!

88

竹刀を持った人が
走るのはどんな道かな？

89

よくねる人ほど
とくいそうな
スポーツの学校ってなあに？

90

ペンギンが集まるのは南極。
では手紙が集まるのは
なにきょく？

91

本が
ふってくるという
お店はなあに？

138-139ページの答え　80運転士　81機長　82バスをおりる人（ブザーをおした）

92 いつもお客さんを千人のせているのりものはなあに？

93 カでも持てるという船ってなあに？

94 9本の矢があるという場所はどこかな？

答えは144〜145ページにのっているよ！

140-141ページの答(こた)え ⑧⑥デパート ⑧⑦パーキング ⑧⑧県道(けんどう)(剣道(けんどう))

ステージ3 なぞなぞの町にとびだそう！

まだまだ町の中なぞなぞ！

答えは146〜147ページにのっているよ！

98 食べるためではなく、受けとるために必要な、上にアンがあるものはなあに？

99 ホンはホンでも、お客さんが来たときにげんかんで使うホンはなあに？

100 保険会社の中に入ったら携帯電話が使えなくなったのはなぜかな？

96 泣いた（ナイター） 97 中華料理店

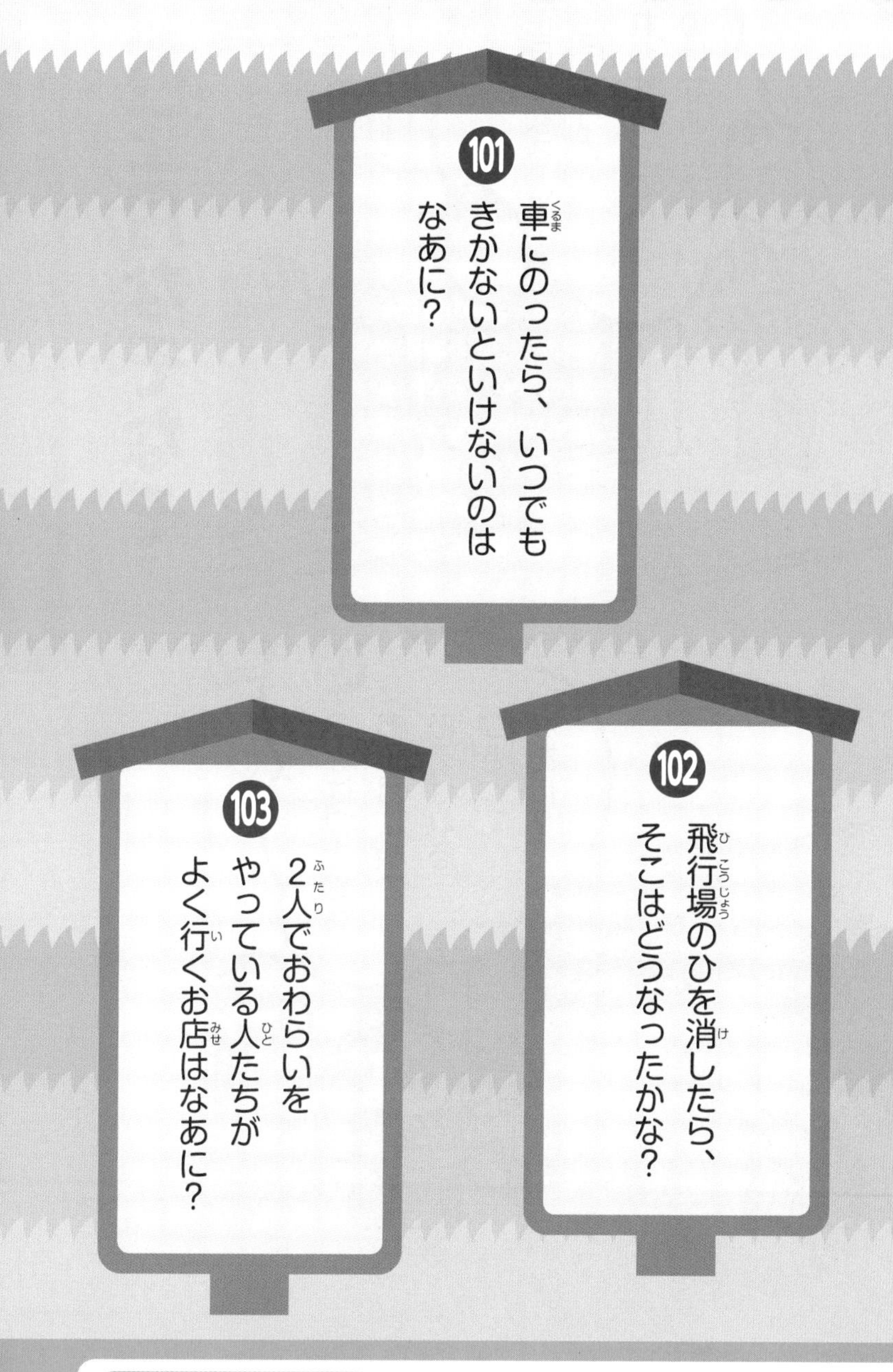

142-143ページの答え　92客船　93かもつ船　94野球場　95ホテル（火照る）

お正月なぞなぞ

104 お正月になるとかどに立ってだれかを待っているものはなあに？

105 つきはつきでも、お正月に板であそばれるつきってなあに？

答えは148〜149ページにのっているよ！

144-145ページの答え 98アンテナ　99インターホン　100「圏外」だから（保「けんがい」社）

お天気のなぞなぞ！

110

空でいろんな形に変身。
いっぱい集まるとなみだを
流すものなあに？

111

走っても走っても
おいかけてくる、天気のいい日に
あらわれるものはなあに？

112

赤ちゃんがくわえるのは
おしゃぶり。
では、すごい雨はなにぶり？

113

太陽が
見えない森は
どんな森？

答えは
150〜151ページに
のっているよ！

114

からしはからしでも、
冬にふくからしって
なあに？

115

まきはまきでも、いろんなものを
空にすいあげるまきってなあに？

116

ぼうしをとばしたり
せんたくものをゆらしたりする、
目に見えない
いたずらっこはなあに？

117

タイがため息をつくと、
天気はどうなるかな？

フウーー

146-147ページの答え　104かどまつ　105はねつき　106花だん　107けいさつ官

空を見よう！ 地面を見よう！

118 空に橋がかかるのはなんじかな？

119 新しく発売された車は新型。では、空が赤くなるのは何型？

120 ふつうは地面の中にあって見えなくて「なにぬねの」の中にもあるのはなあに？

答えは152〜153ページにのっているよ！

115たつまき 116風 117台風

148-149ページの答(こた)え 110雲(くも) 111かげ 112どしゃぶり 113くもり 114こがらし

ダジャレなぞなぞ

124
空とぶえんばんが
通る道を、なんというかな？

125
家のてっぺんにいて、
みんなにいやがられているもの
なあに？

126
「都会にほんとうに住むんだ」
といったら、友だちは
おどろいてなんていった？

答えは
154〜155ページに
のっているよ！

150-151ページの答え ⑱にじ（2時） ⑲夕方 ⑳ね（根） ㉑こいのぼり

いじわるなぞなぞ

131

入り口なのに
出口とかいてある
入り口はどこにあるかな?

132

「キケンのぼるな」という
はり紙のついた電柱に
登っている人がいるのに、
だれも注意しないよ。
なぜかな?

答えは
156〜157ページに
のっているよ!

133
地面にどんどん穴を
ほっていった人はどうなるかな？

134
やねに大きな穴が開いているのに
雨もりがしないよ。なぜかな？

135
電車が通るレールの下に石を
たくさんしいてあるのは
なぜかな？

136
秋田を出発した自動車と
東京を出発した自動車が
出会うのは、日本のどこかな？

137
20かいだてのビルの窓から
人が落ちたけど、
ケガひとつせず平気だったよ。
なぜかな？

152-153ページの答え 124ゆうほ道（ユーフォー道） 125やね（や〜ね〜） 126ほんとかい？

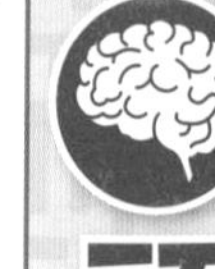

頭のトレーニング！

138 3マスずつに分けよう。ただし、3マスのかたまりに家は1こずつ入れるよ。

（れい）

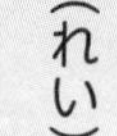

139 □に入るのは、①かな？ ②かな？

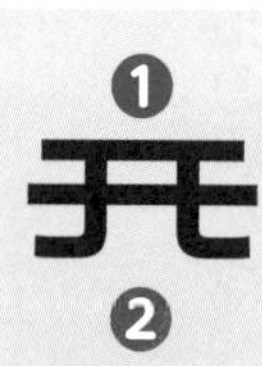

140 1つとばしに読もう。どこから読みはじめるとものの名前になるかな？

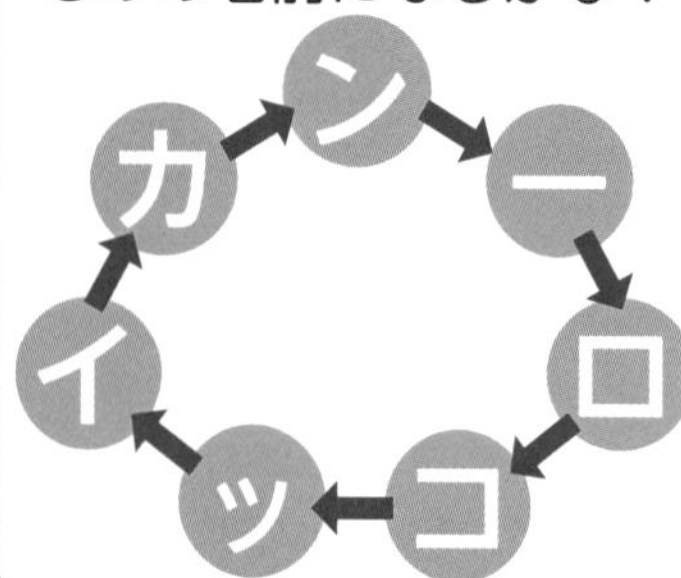

141 □に入るひらがなはなあに？

き
に　□
み

142

お花見に来たよ。6まいのカードをうらがえして入れかえると、さいごの4まいは、どう読めるかな？

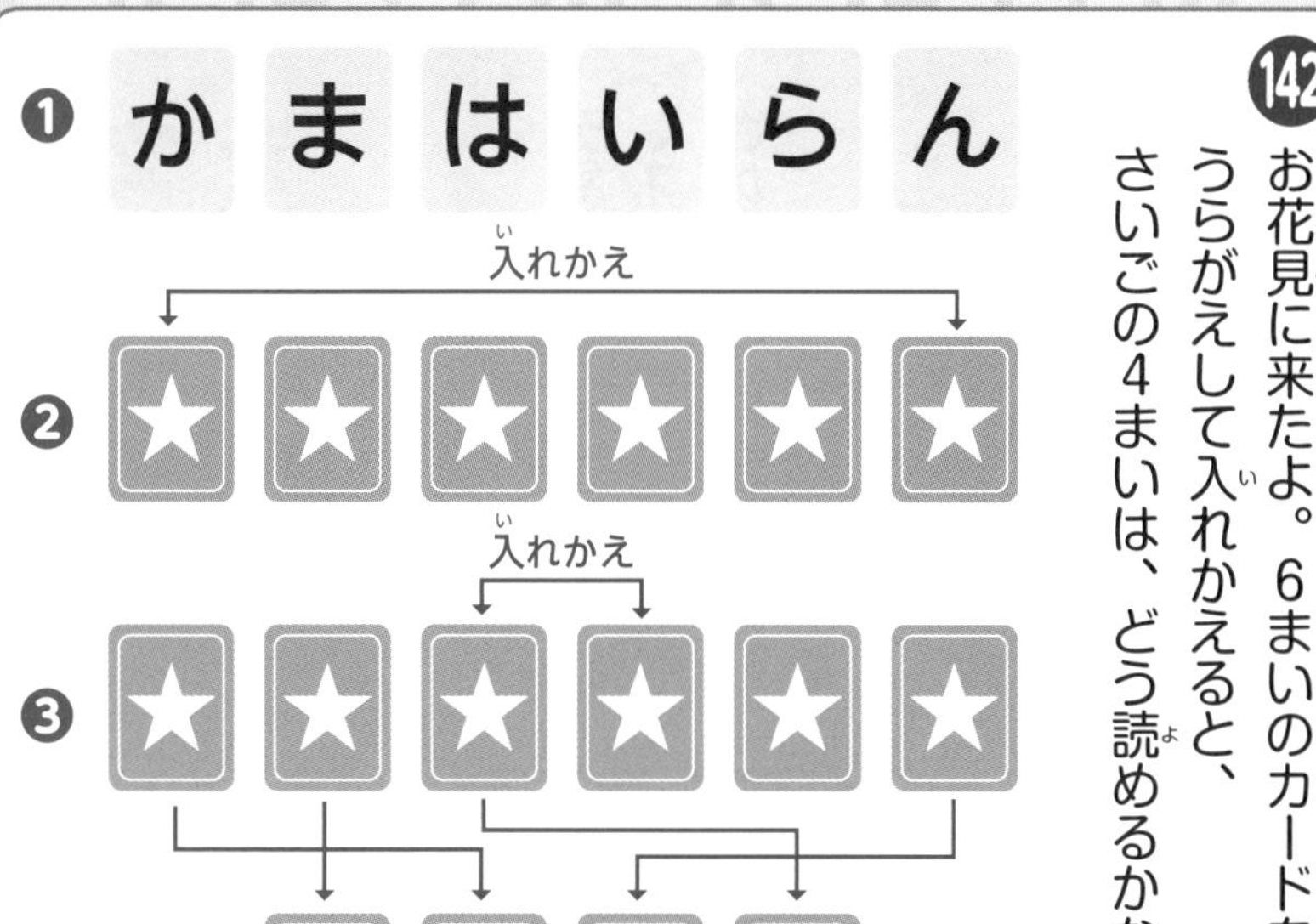

143

てんぼう台にあるぼうえんきょうについている記号はどれかな？

❶ 298R

❷ 530D

❸ 874K

❹ 493L

144

□に入るひらがなはなあに？

いも➡あめ

いし➡あさ

みつ➡□□

すし➡しさ

（ヒント：50音表を思い出してみよう！）

★答えは360ページにのっているよ！

154-155ページの答え ⑬①出口さんの家のげんかん ⑬②電気工事の人だから ⑬③つかれる

文字数クロスワードにチャレンジ！

ことばの文字数やクロスしている文字を
ヒントにして、マスに文字を入れていこう。
文字数の多いものから入れると、
わかりやすいよ。

3文字
うえき
くつや
さかや

4文字
せんとう
がっこう
えんとつ

5文字
きょうかい
ようちえん
えいがかん
いんさつや
たこやきや
まんしょん

6文字
こうそうびる

7文字
こうそくどうろ

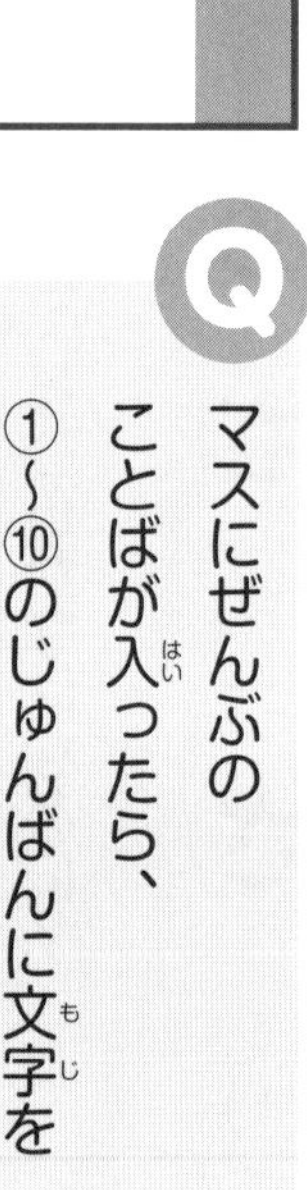

Q マスにぜんぶのことばが入ったら、①～⑩のじゅんばんに文字を読もう。なんて読めるかな？

① ② ③ ④ ⑤ ⑥ ⑦ ⑧ ⑨ ⑩

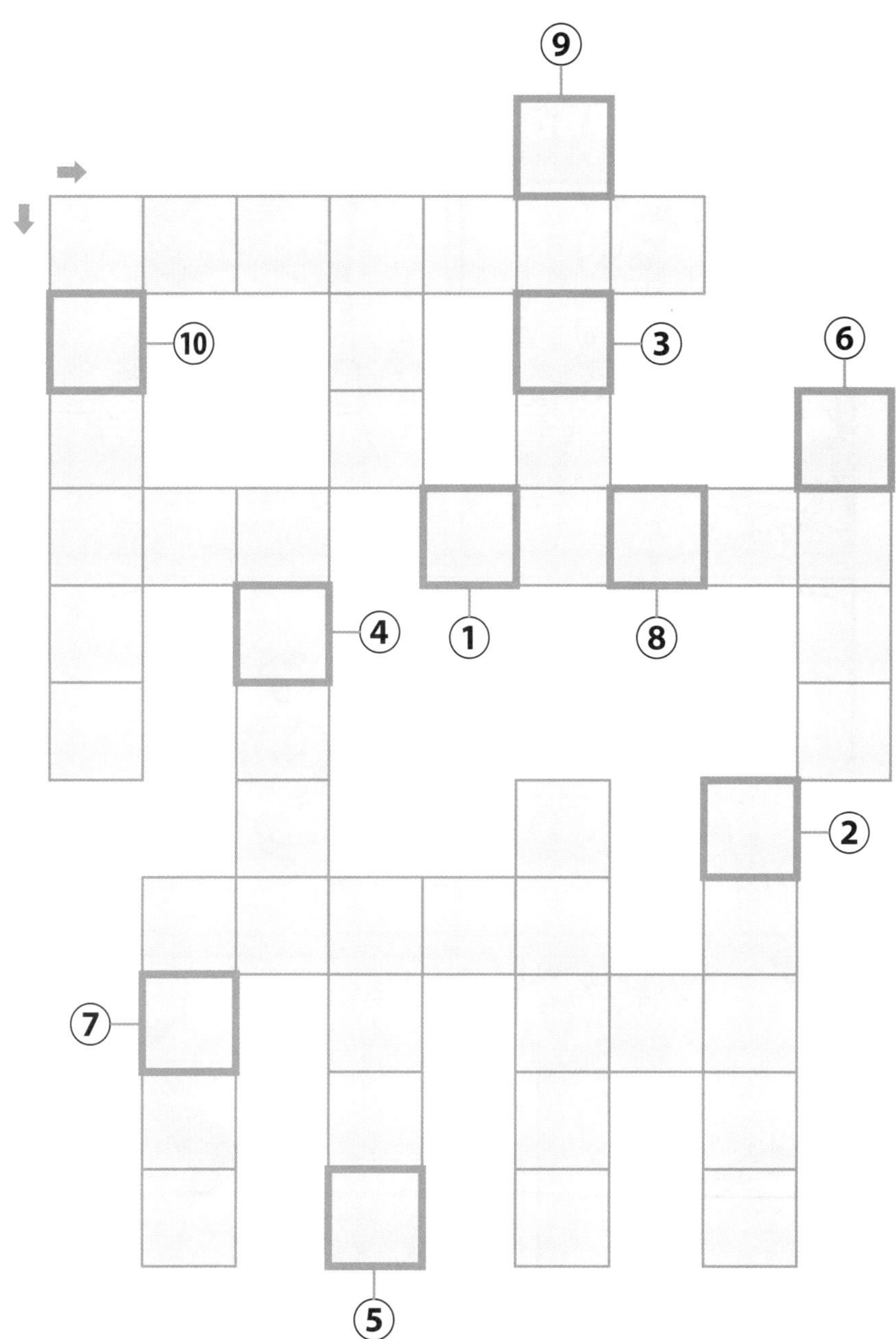

★答(こた)えは363ページにのっているよ！

宇宙船、ふっかつ!!

ナゾセン…
ちゅうううううう
ううううう
買いすぎだよ!

だって、おいしいんだもの♡
なんじゃこの飲み物はあぁ
おなかこわすよ……
私も好き~

あ、リク、ちょっと補充をおねがいできるか?

ちょっと今手がはなせなくて…

ハイハイ

まったく、いい気なもんだな~

ガチャガチャ

ガチャコーン

ゴウン

ん?

ピカー
オオ〜！ついにワシの船が！
ふっかつした〜!!

よ〜し、これがあれば百人力じゃ！
さ、2人ものりなさい！
いいの!?

スゲー！
ピッ
ポ
ペ
こんどは、この星のどうぶつでも見に行くかの
UFOだ…

出発じゃ〜
ワー!!

答えは164～165ページにのっているよ！

①ぶたいの上にいるどうぶつはなあに？

②前にはいなくて、うしろにはいるどうぶつはなあに？

③頭にカモをのせて、山歩きするどうぶつはなあに？

ぶたい

4
足し算がにがてなカエルはなにガエル？
5
虫は虫でも、羽も足もなくて
毒を持っているのはなにムシ？
6
トイレに入ったけど
紙がなくて、さけんで
いるどうぶつはなあに？
カミー

日本にいるどうぶつ

7 石のまん中に「のし」をつけたらどんなどうぶつになった？

8 ころんで、「いたい、血が出た！」といっているどうぶつはなあに？

9 クルマのまん中をこわして出てきたどうぶつはなあに？

答えは166～167ページにのっているよ！

5マムシ 6オオカミ（おお、紙！）

⑩

いつもかぜをひいていて、せきを
しているどうぶつなあに？

⑪

手紙が来ても「た」の
字をとばして
読むどうぶつはなあに？

⑫

からくて
とび上がるのはワサビ。
では木から木へとびうつるのはなにサビ？

162-163ページの答え　❶ブタ　❷ウシ　❸カモシカ　❹ヒキガエル

⑬ 星を86こまでかぞえた
どうぶつはなあに？

⑭ 皿を見ても「おわんだ」という
どうぶつはなあに？

おわんだ！

答えは
168〜169ページに
のっているよ！

⑪タヌキ ⑫ムササビ

⑮

せなかを丸くして
ねているこは
どんなこかな？

⑯

ねないで針ばかり
見ているどうぶつは
なあに？

⑰

ウナギのまん中にクシを
1本さすと別の
どうぶつになるよ。
なにになる？

⑱

ストローを使ってジュースを
飲むとき、かわいい音をたてて
飲むどうぶつはなあに？

164-165ページの答え　⑦イノシシ　⑧イタチ　⑨クマ　⑩キツネ

ジャングルにいるどうぶつ

⑲ もりはもりでも暗くなるととびまわるもりはなあに？

モリ

⑳ レストランの中にいつもいるどうぶつはなあに？

㉑ 1ぴきなのに10こもある生きものはなあに？

10カゲ

答えは170〜171ページにのっているよ！

166-167ページの答え ⑬ハムスター ⑭イヌ ⑮ネコ

どうぶつえんのにんきもの

㉕ 木の下にすずをつけてならしたどうぶつはなあに？

㉖ 野菜の中にいるどうぶつはなあに？

㉗ パンを見つけて思わずさけんでしまったどうぶつはなあに？

答えは172〜173ページにのっているよ！

㉓ハブ（ハーブ）　㉔ヒョウ（ひょう4）

28

かぜを
ひいていないのに、
いつも鼻を
長くたらしている
どうぶつはなあに？

29

名前のまん中を
かくすとおこりだす、
かわいいどうぶつは
なあに？

30

ふとんカバーの中に
かくれている
どうぶつは
なあに？

31

ぶつかったわけでも
ないのにコブが
1つか2つある
どうぶつはなあに？

168-169ページの答え ⑲コウモリ ⑳トラ ㉑トカゲ ㉒ニシキヘビ

さるのなかまだよ

32 どうぶつの野球大会で、バッターなのに「ぼくは打たない！」というのはだあれ？

33 マントを着て、ヒヒッとわらっているどうぶつはなあに？

答えは174〜175ページにのっているよ！

170-171ページの答（こた）え　㉕キリン　㉖サイ　㉗パンダ　㉘ゾウ　㉙コアラ

海の生きもの

36 いたずらっこたちの中に
かくれている
貝のすきなどうぶつはなあに？

37 シカはシカでも、
海にもぐったり
およいだりするのがとくいな
シカはなあに？

38 どこにもぶつけていないのに
アザがついている
どうぶつはなあに？

39 さかだちすると
軽くなる海の
生きものはなあに？

答えは
176〜177ページに
のっているよ！

35 チンパンジー

40

はと時計の中にかくれている大きな海の生きものなあに？

41

くらのまん中に字を書いたのはだれかな？

42

ボールをとろうとすると、みんなから落とすようにいわれる生きものってなあに？

172-173ページの答え　32オランウータン　33マントヒヒ　34メガネザル

43 セミといっても虫じゃなく、青くてきれいなセミはなあに？

44 さかさに読んでも同じで、月なのに鳥だというのはどんな月？

45 レインコートの中にかくれていた鳥はなあに？

答えは178〜179ページにのっているよ！

46
どんなに太っていても重くないといわれるカモはなにガモ？
47
たべものをのどにつまらせた鳥はなあに？
！
かる〜い♪
48
ろうを見ると布でふきたくなる鳥はなあに？
フキ
フキ

174-175ページの答え　36ラッコ　37アシカ　38アザラシ　39イルカ

みぢかにいる鳥だよ

49 巣が空っぽだという黒い鳥はなあに？

50 赤いぼうしをかぶっていて、けっこう卵をうむのはだあれ？

51 パトカーから丸をとると出てくる鳥ってなに？

答えは180〜181ページにのっているよ！

52

ぼうしをかぶって
いないのに目（め）の上（うえ）に
つばがある鳥（とり）は
なあに？

53

なにもいわずに
とつぜん
起（お）き上（あ）がった鳥（とり）は
なあに？

54

火（ひ）のすぐそばにいる、
かわいい生（い）きものは
なあに？

176-177ページの答（こた）え　43カワセミ　44キツツキ　45インコ　46カルガモ

大きな鳥集まれ！

55 肩の上でさかだちをしている鳥はなあに？

56 ブタを頭にのせている鳥はなあに？

57 うどんを食べはじめたら出てきた鳥はなあに？

答えは182〜183ページにのっているよ！

53ムクドリ　54ヒヨコ

58 まっ白いチョウ
だというのに
虫じゃないよ。
なにかな？

59 いつもかみの
毛のうすさを
気にしている鳥は
なあに？

60 かんは
かんでも
およいだり
とんだりする
大きな口の
かんは
なあに？

 178-179ページの答え ㊾カラス ㊿ニワトリ 51ハト 52ツバメ

虫のなぞなぞスタート！

61

英語で「10」といってから、日本語で「10」という虫はなあに？

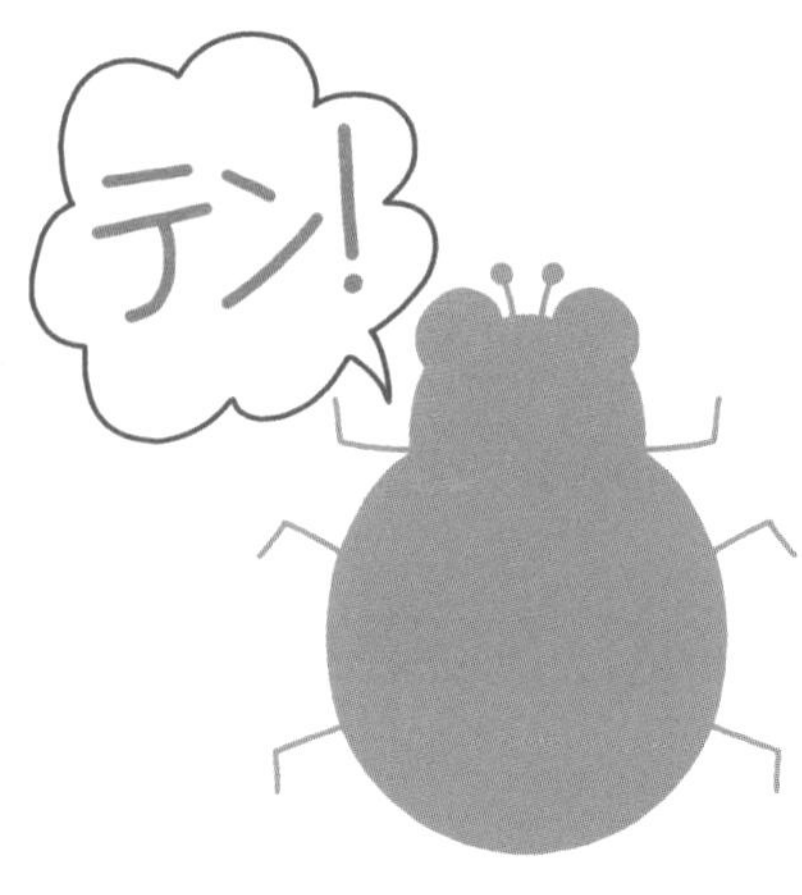

62

食べものはちゃんとかむように、命令する虫はなあに？

答えは186〜187ページにのっているよ！

63
かがみの一番上にいる
虫はなあに？

64
タルはタルでも、
いつもおしりの方が
明るいタルはなあに？

65
空にかくれている
虫はなあに？
クモじゃないよ。

66
とこやさんにいる虫は
どんな虫？

180-181ページの答え　55タカ　56トンビ　57ツル　58ハクチョウ

ひらめき力 ★★★

ステージ4 どうぶつなぞなぞいっぱい！

さがし絵

どうぶつたちが、持ってきたものはなにかな？
みんなのいっていることをよく聞いて、あててね。

★答えは358ページにのっているよ！

虫とりに出かけよう！

67 木を切る道具を持っているクワガタはなあに？

68 カブを10こ持っている虫はなあに？

69 なにも「見ない見ない」といっているセミってなあに？

答えは188～189ページにのっているよ！

 182-183ページの答え 61テントウムシ 62カメムシ 63カ

まだまだ虫なぞなぞ！

74 おしろを持っていると、じまんをしている虫はなあに？

75 あったことを、そのまま伝えるのはなんの虫のお母さん？

76 マムシが田んぼに、入ったらなにになったかな？

77 アリじゃないのにあまいものを集めて、かさがないのにさすことができるものはなあに？

答えは190～191ページにのっているよ！

70ツクツクボウシ 71トノサマバッタ 72トンボ 73チョウ

78

手紙の中に
入っている
虫はなあに？

79

いつものどがかわいて
水をほしがっている
生きものなあに？

80

漢字を使わないで、
ひらがなだけで
文章を書く虫なあに？

81

ツノがあっても
ウシじゃなく家を
せおっていても
ヤドカリじゃないもの
なあに？

186-187ページの答え　67ノコギリクワガタ　68カブトムシ　69ミンミンゼミ

海の生きもの、な～んだ？

82 ジャンケンするとかならずカニに負ける海の生きものはなあに？

83 いつもかさをさして海の中をおよいでいるのはなあに？

84 頭は三角で「り」をつけるとしずみ、「だ」をつけるとうかぶ海の生きものはなあに？

答えは192～193ページにのっているよ！

77ハチ 78ガ 79ミミズ（み、水） 80カナブン 81カタツムリ

85

牛乳の中にかくれている海の生きものはなあに？

86

おしりの方にツボをつけている魚はなあに？

87

小さめの箱にかくれていたこわい魚はなあに？

魚のなぞなぞだよ

88
ぼうを1万本持っているという
魚はなあに？

89
はりをたくさん持っているけど、
ぬいものもしないで
海をおよいでいるのは
なあに？

90
お年よりに
すぐ席をゆずる魚は
なあに？

91
点々をとったら、
箱をふきはじめた
魚はなあに？

答えは
194〜195ページに
のっているよ！

87サメ

92

頭とおしりで
メカができると
いう魚はなあに？

93

2本のはたを持っている魚は
なあに？

94

いつも気合いを入れて海を
およいでいる魚はなあに？

95

江戸時代のお金を
頭にのせている
サメってなあに？

190-191ページの答え ㉜ヒトデ　㉝クラゲ　㉞イカ　㉟ウニ　㊱ウツボ

おいしい魚だよ

96 さかだちをすると板になる魚はなあに？

97 海をおよぐ4つの岩ってなあに？

98 顔のまん中に「つ」の字をつけている魚はなあに？

99 海の中でひやあせを流している魚はなあに？

答えは196〜197ページにのっているよ！

100
板の上にのると、いいアイディアを思いつくのはヒラメとカレイのどっち？
シラせる
101
知ってることをみんなにおしえてしまう魚はなあに？
102
さばくにかくれている魚はなあに？
サバク
103
海の底に5つの穴をほった魚はなあに？
アナ×5

192-193ページの答え 88マンボウ 89ハリセンボン 90ドジョウ(どうぞ〜→どうじょ〜)

しょくぶつのなぞなぞだよ

104

くしはくしでも、
春になると土から
顔を出す
くしはなあに？

105

血をぬきとると、
ヘマばかりする
しょくぶつは
なあに？

106

土から顔を出す
みどりのカバは
なあに？

答えは
198〜199ページに
のっているよ！

100ヒラメ（ひらめいた！） 101シラス 102サバ 103アナゴ

107

お酢が大すきというしょくぶつはなあに？

108

エビのてんぷらはエビてん。では、みどり色のとげだらけはなにてん？

109

日本一の山かと思ったらしょくぶつだったよ。なにかな？

194-195ページの答え　96タイ　97イワシ　98カツオ　99タラ

きれいな花がさくよ

110 曲がりかどに来ると、曲がるようにいう花はなあに？

111 ゆりかごの中に入っている花はなあに？

112 ネズミの鳴き声がする花ってなあに？

答えは200〜201ページにのっているよ！

108 サボテン　109 フジ

113

2回続けていうと、花たばにできない花ってなあに？

114

パンやさんのおじいさんが花になったよ。どんな花になったかな？

115

子どもの頭をなでてくれる花はなあに？

196-197ページの答え 104ツクシ 105ヘチマ 106わかば 107ススキ

お花いっぱいなぞなぞ！

116
たき火のまわりを
ぐるぐる回りだした
花はなあに？

117
メンはメンでも
ラーメンやさんではなく
花やさんで売っている
メンはなあに？

118
冷蔵庫の中が
大すきな花は
なあに？

119
くらはくらでも
春に見られるピンク色の
くらはなあに？

答えは
202〜203ページに
のっているよ！

114パンジー　115ナデシコ

120

点々をつけると、
人をいっぱいはこぶ
のりものになる花はなあに？

121

魚とどうぶつの名前が
いっしょになっている
梅雨どきの花はなあに？

122

なんども、
名前を聞かれる花はなあに？

123

「レ」という字を
スミで書くと
出てくる花はなあに？

198-199ページの答え 110 マーガレット　111 ユリ　112 チューリップ　113 バラ

いじわるなぞなぞ

124

うちのイヌのポチは
ワンと鳴くけど、
となりのうちの子は
ワンと鳴かないよ。
なぜかな?

125

キジがやぶのなかに
2この卵をうんだよ。
この卵はかえるかな?

答えは
204~205ページに
のっているよ!

120ハス　121アジサイ　122ナノハナ(なんのはな?)　123スミレ

126

ウサギとカメがかけっこして、
ウサギがとちゅうでねたのは
なぜかな？

127

先に出てくるのは
ニワトリかな？　卵かな？

128

わたしのタヌキは、
いったいいなあに？

129

人間はホ乳類、
ワニは八虫類、
カエルは両生類。
では、車によった人は
なにるい？

130

マイちゃんがかぜを
ひいてねていたら、
ウシがモウと鳴いて
チョウがとんできたよ。
さてマイちゃんの病気はなあに？

200-201ページの答え　116 ヒマワリ　117 シクラメン　118 ヒヤシンス　119 サクラ

ダジャレクイズ

□に入る生きものの名前を、ヒントからえらんで、ダジャレを完成させよう！
ひとつの文には、同じどうぶつの名前が入るよ。

答えは206〜207ページにのっているよ！

131 □□のま□□

132 □□をかう□□

133 □□□のわら□、□□

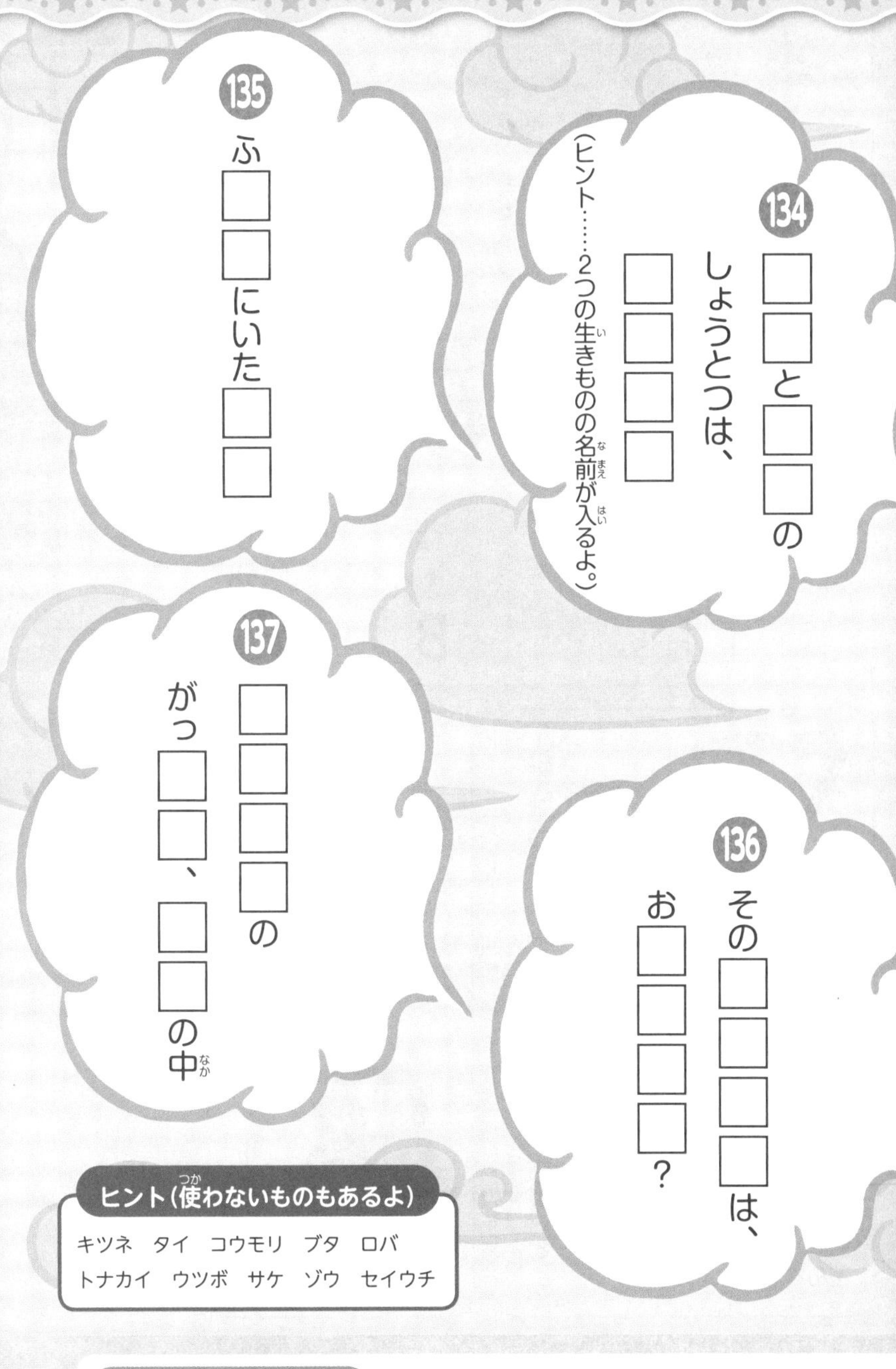

134

□□と□□の
しょうとつは、
□□□□
（ヒント……2つの生きものの名前が入るよ。）

135

ふ□□にいた□□

136

その□□□□は、
お□□□□？

137

□□□□の
がっ□□、□□の中

ヒント（使わないものもあるよ）

キツネ　タイ　コウモリ　ブタ　ロバ
トナカイ　ウツボ　サケ　ゾウ　セイウチ

202-203ページの答え　124 ネコだから　125 かえるじゃなくてキジの卵だよ

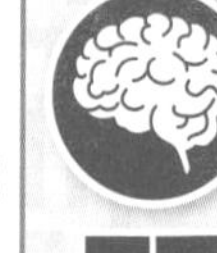

138

□に入るアルファベットはなにかな？
（ヒント：ネズミの数を声に出してかぞえてみよう！）

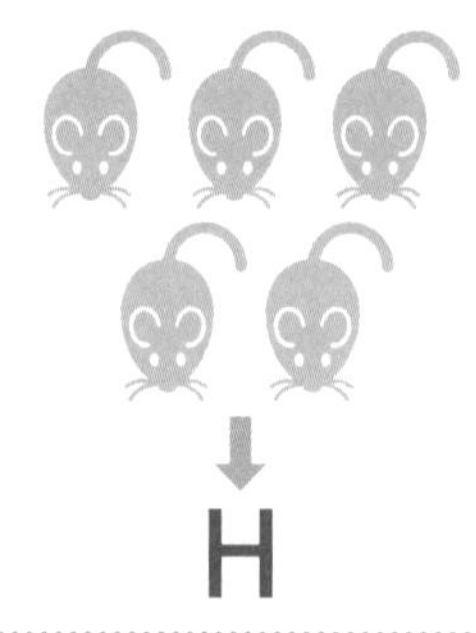

H

P

B

□

139

どうぶつの名前をあてよう。

140

ぼうを2本うごかして、ヒヨコを箱の中から出してあげよう。

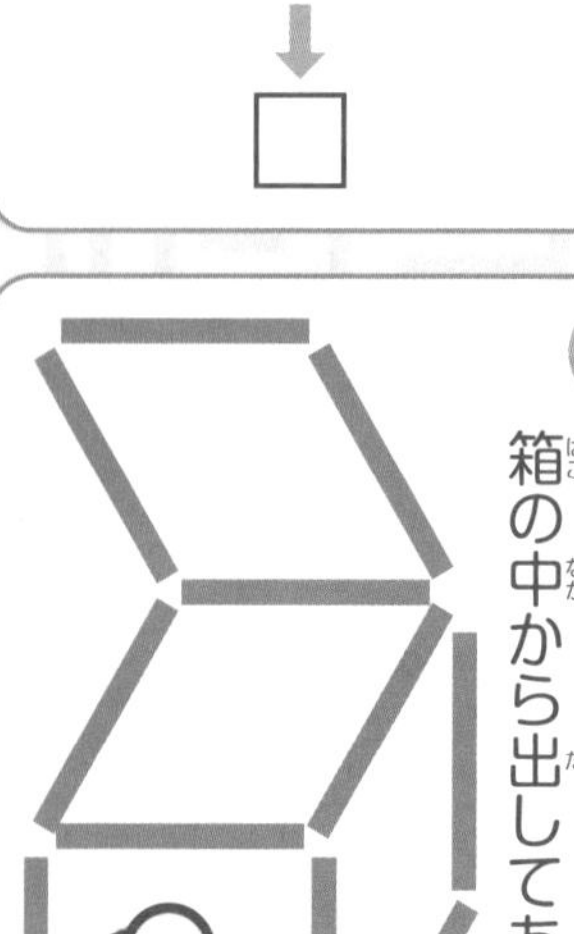

（ヒント：箱をひっくりかえしたらどんな形になるかな？）

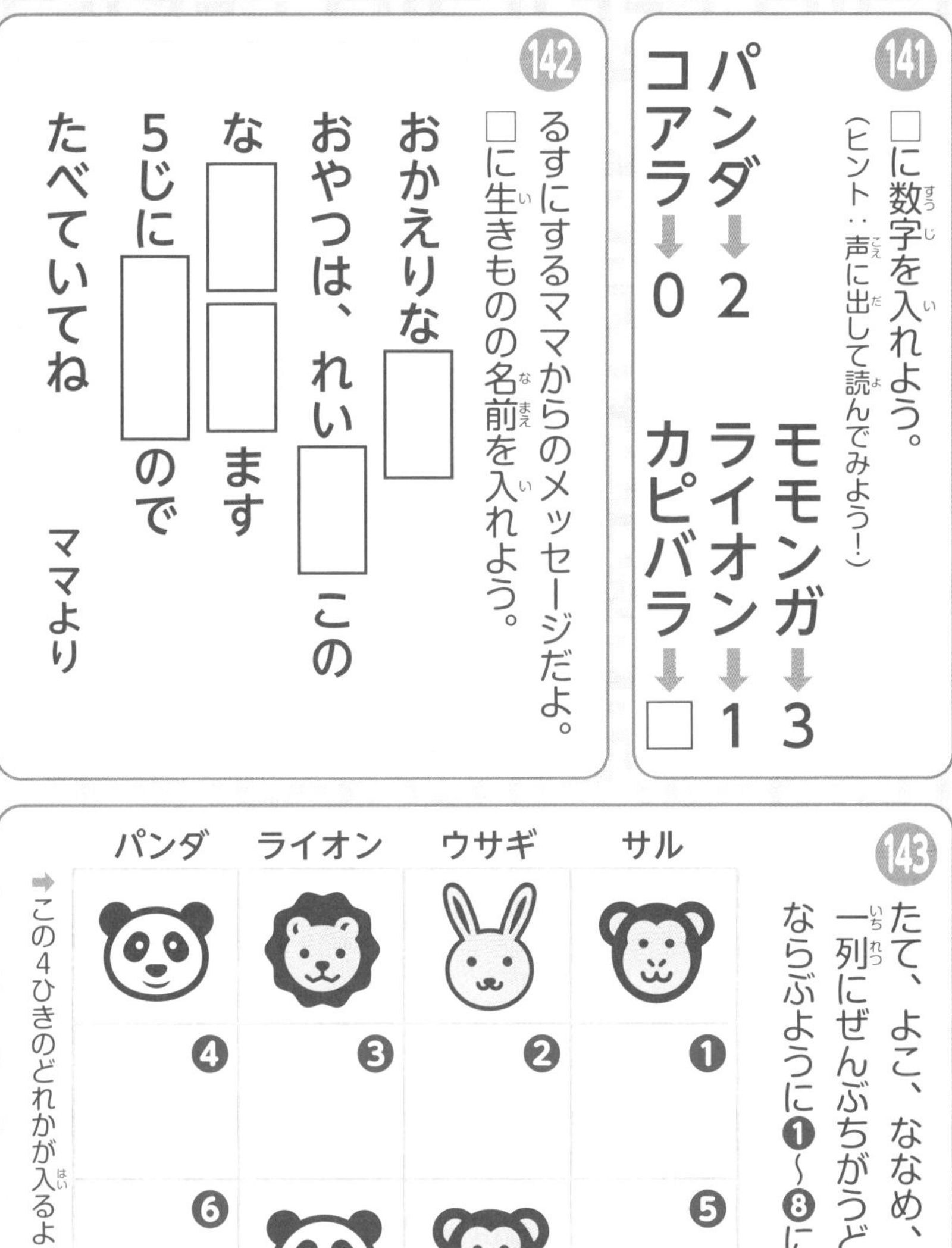

141

□に数字を入れよう。
（ヒント：声に出して読んでみよう！）

パンダ→2
コアラ→0
モモンガ→3
ライオン→1
カピバラ→□

142

るすにするママからのメッセージだよ。
□に生きものの名前を入れよう。

おかえりな□
おやつは、れい□この
な□□ます
5じに□ので
たべていてね
ママより

143

たて、よこ、ななめ、それぞれ一列にぜんぶちがうどうぶつがならぶように❶～❽に入れよう。

パンダ	ライオン	ウサギ	サル
❹	❸	❷	❶
❻			❺
	❽	❼	

➡この4ひきのどれかが入るよ。

204-205ページの答え　131ブタのまぶた　132ゾウをかうぞう　133ウツボのわらう、つぼ　134サケと

文字数クロスワードにチャレンジ！

ことばの文字数をヒントにして、マスに文字を入れていこう。5文字のものから入れると、わかりやすいよ。

	ラマ キジ アリ サル エイ タイ アジ
	マグロ アシカ
	シロクマ エゾシカ アイアイ アリクイ シマウマ ハイエナ イグアナ ヤマネコ スナメリ アルパカ クロサイ ウミガメ
	アルマジロ ハリネズミ ウシガエル ヤマアラシ

マスにぜんぶのことばが入ったら、①〜⑩のじゅんばんに文字を読もう。なんて読めるかな？

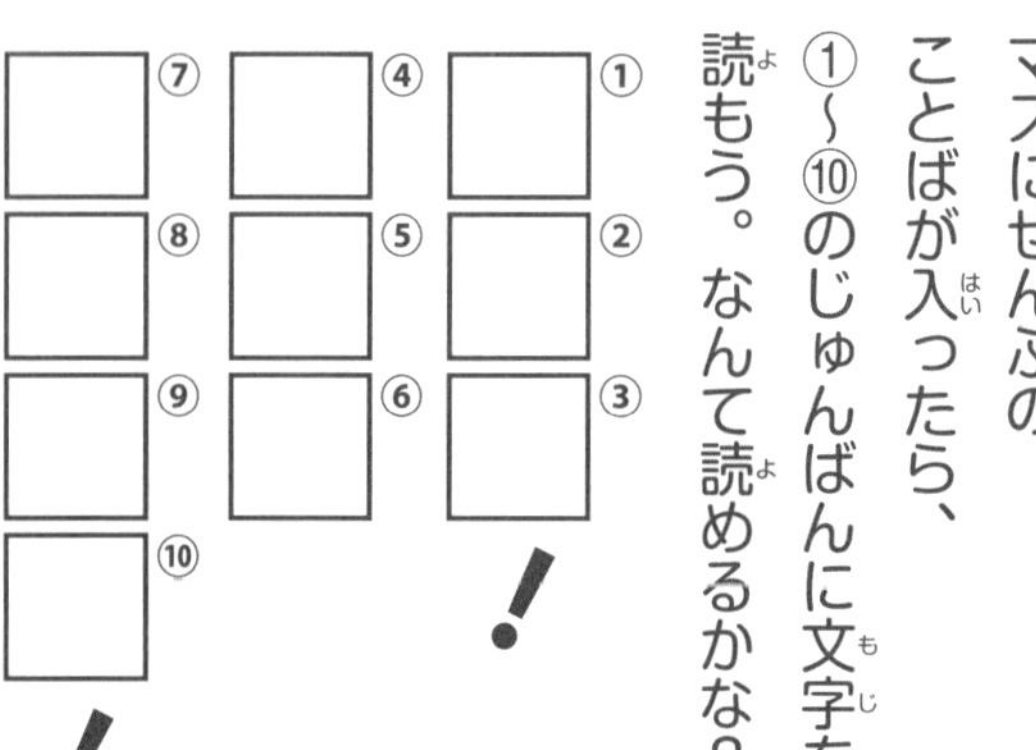

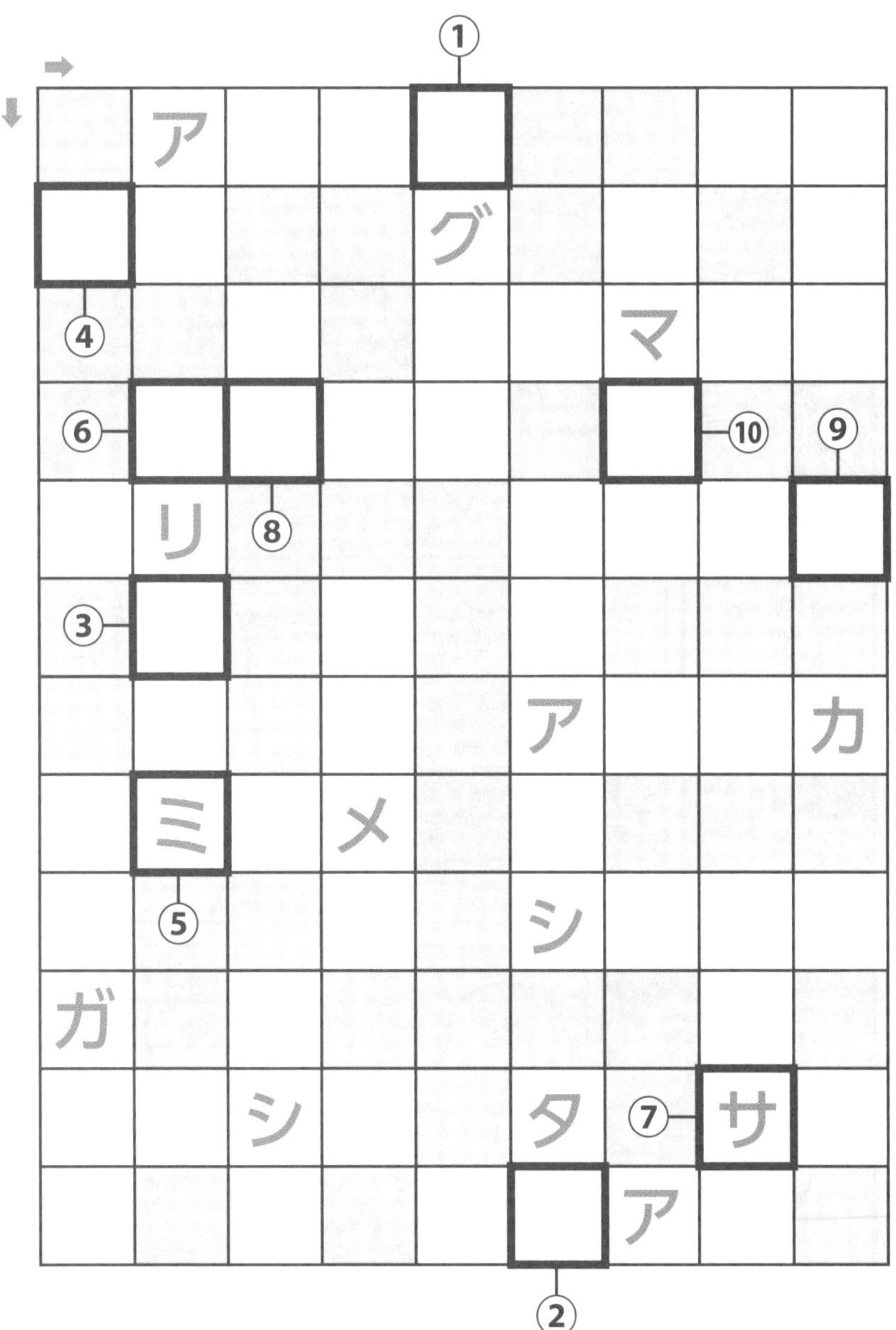

①
ア
グ
マ
④
⑥
⑩
⑨
リ
⑧
③
ア
カ
ミ
メ
⑤
シ
ガ
シ
タ
⑦
サ
ア
②

体の中に入っちゃう!?

この星の生きものは
じつに個性ゆたかじゃの〜

すごかったね！
サバンナまで
行けちゃった！
プィーン
ゾウさん、
かわいかった〜

あんなの
朝めし
前じゃ！

あの宇宙船、
すごいんだね！
また
連れてって！
ほかにも
いろいろ
できるぞ
フフン
たとえば？

見てな
さい
こっち
こっち

うお〜！
すげ〜！
おにいちゃん、きょじんみたい
スイ〜〜ン
よ〜し、ではつぎは体にまつわるなぞなぞをさがすとするか！

さ、口をあけるのじゃ
えっ

では出発！
ギャーッ！
ゴクリッ

体の中に入っちゃった！

1 えきはえきでも体中を流れるえきってなあに？

2 ぼうはぼうでも、太った人が気にするのはどんなぼう？

3 みんなが持っている、使っても使ってもなくならないみそはなあに？

答えは214〜215ページにのっているよ！

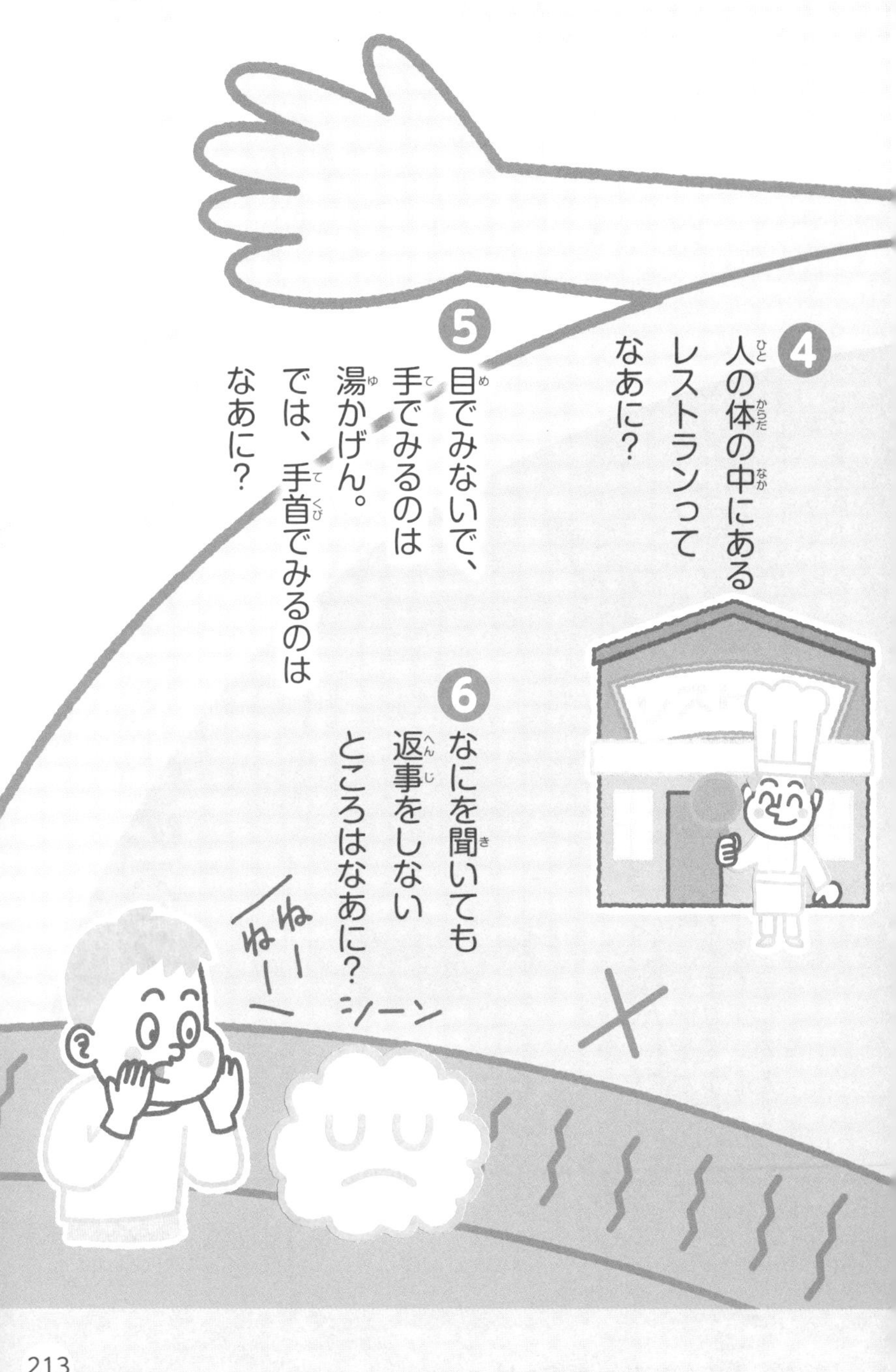

4 人の体の中にある
レストランって
なあに？

5 目でみないで、
手でみるのは
湯かげん。
では、手首でみるのは
なあに？

6 なにを聞いても
返事をしない
ところはなあに？

おなかの中にはなにがある？

7 体の中で一番返事がいいのはなあに？

8 体の中にあるのに、「ない」といわれるのはなあに？

9 みんなが持っている、食べものを入れるふくろはなあに？

答えは216～217ページにのっているよ！

5 みゃく　6 へんとうせん（返答せん！）

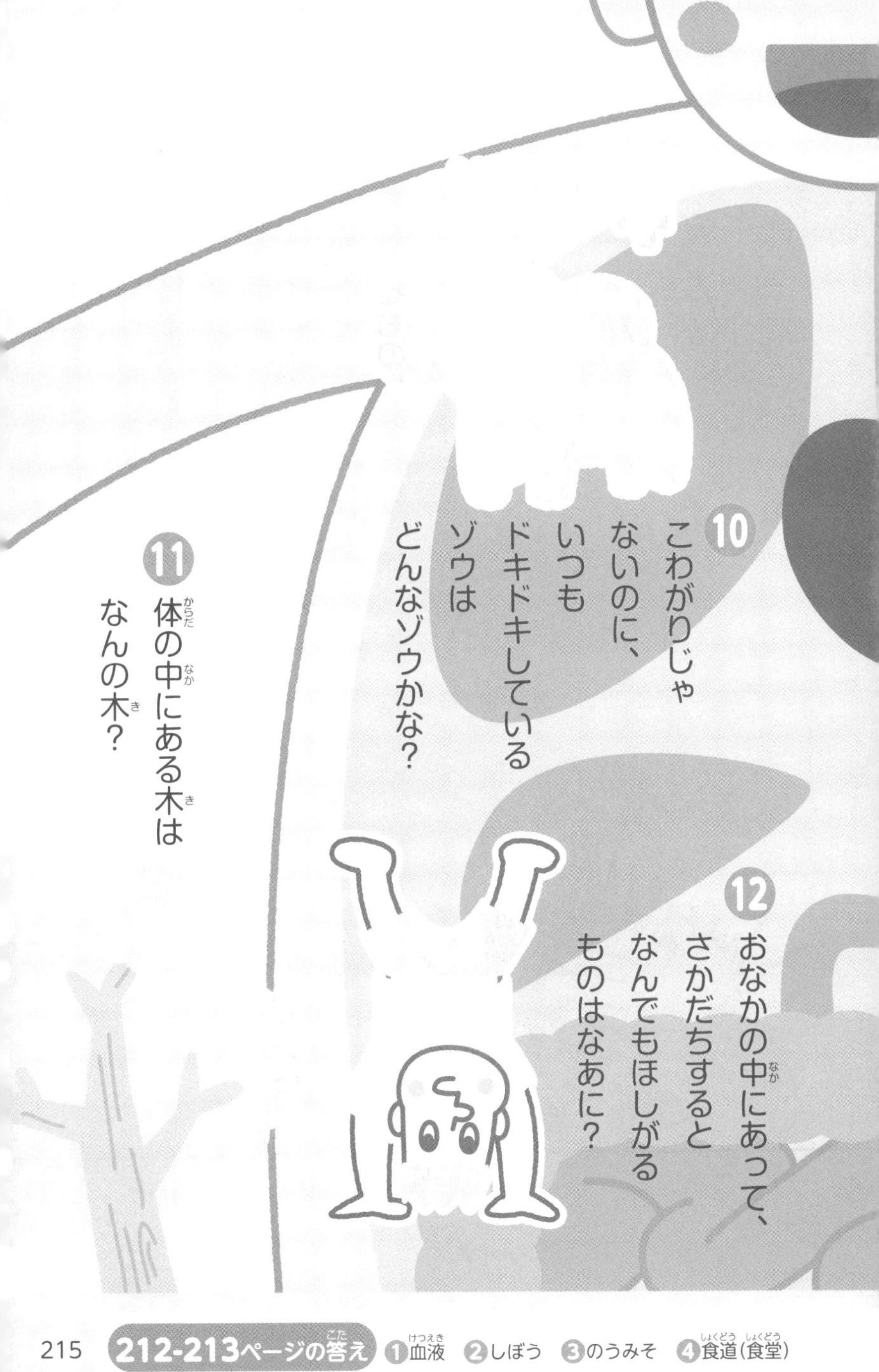

10
こわがりじゃ
ないのに、
いつも
ドキドキしている
ゾウは
どんなゾウかな？

11
体（からだ）の中（なか）にある木（き）は
なんの木（き）？

12
おなかの中（なか）にあって、
さかだちすると
なんでもほしがる
ものはなあに？

212-213ページの答（こた）え ①血液（けつえき） ②しぼう ③のうみそ ④食道（しょくどう）（食堂（しょくどう））

頭のあたりにあるものだよ

13
品物は使えば使うほど
いたむけど、使えば使うほど
よくなるものはなあに？

14
まゆ毛の上にいるこは、
どんなこかな？

答えは
218〜219ページに
のっているよ！

⑪イチョウ（胃腸）　⑫大腸（→ちょうだい）

⑮ とかしても、なくならなくて、あんだり、むすばれたりするものはなあに？

⑯ 顔（かお）についている神（かみ）さまってなあに？

⑰ うしろを向（む）くと前（まえ）を向（む）き、前（まえ）を向（む）くとうしろを向（む）くのは、体（からだ）のどこ？

⑱ タイはタイでも、顔（かお）についているタイはなあに？

214-215ページの答（こた）え ⑦肺（はい） ⑧内（ない）ぞう ⑨胃（い）ぶくろ ⑩心（しん）ぞう

顔にあるもののなぞなぞ

バタン！

⑲ だれでも顔に2つずつ持っている、たまってなあに？

⑳ 朝から晩まで、目の前で開いたり閉じたりしてるのにうるさくないもののなあに？

㉑ 目の前にあるのに見えない、黒いもののなあに？

答えは220～221ページにのっているよ！

⑰頭の後ろ ⑱ひたい

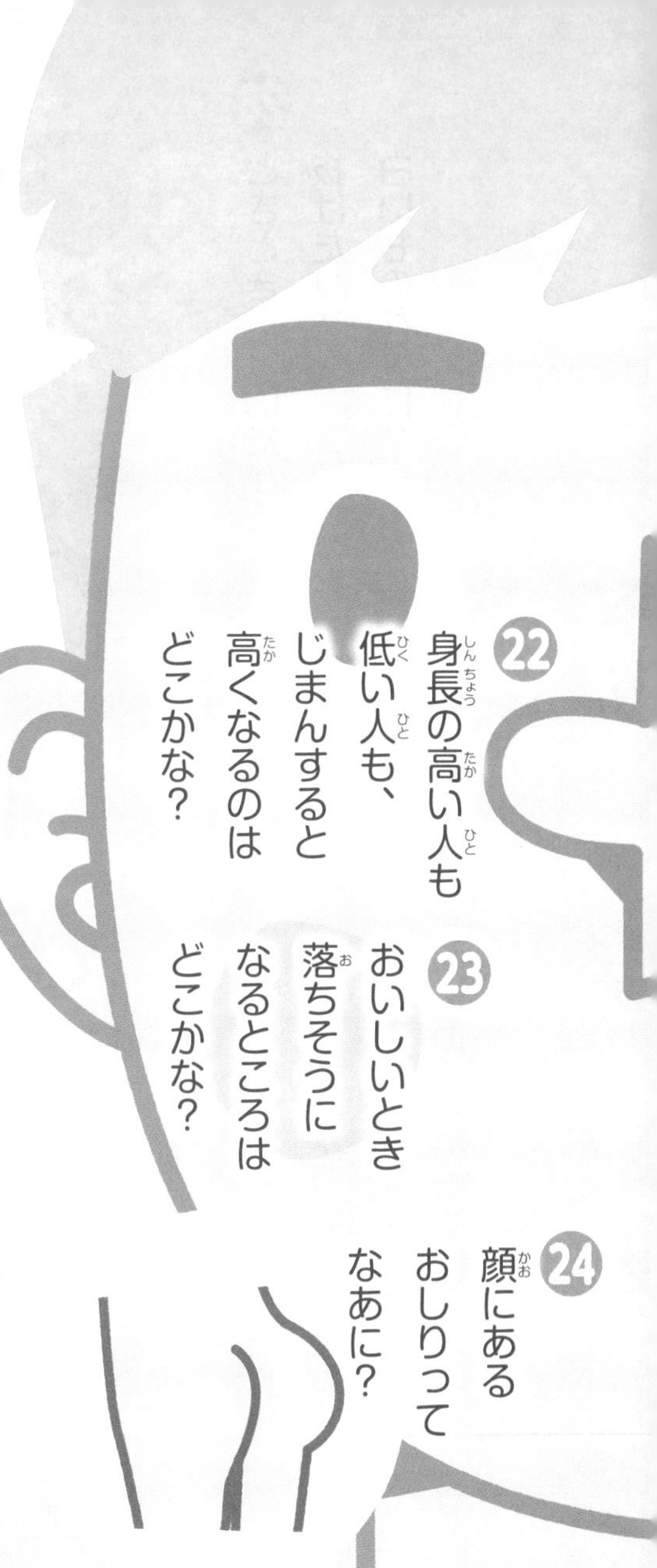

22 身長の高い人も低い人も、じまんすると高くなるのはどこかな？

23 おいしいとき落ちそうになるところはどこかな？

24 顔にあるおしりってなあに？

25 顔から出ている湯気ってどんな湯気？

26 ビルはビルでも顔にあるビルはどんなビルかな？

○○ビル

 216-217ページの答え ⑬頭 ⑭おでこ ⑮かみの毛 ⑯こめかみ

まだまだ顔にあるものだよ

27 体の上の方にあるのに、そうではない名前のものなあに？

28 ときどき人をいたがらせたり抜けたりする、二列にならんだ白いもののなあに？

29 前から読むと人のものに。うしろから読むとブタのものになる、顔にあるもののなあに？

答えは222〜223ページにのっているよ！

24目じり 25まゆ毛 26くちびる

30 ごといっても数字ではないよ。顔の下の方にあるごはなあに？

31 人間の体にいっぱいあって、時計にもある一文字、なあに？

32 わといっても丸くないよ。おじいちゃんの顔にあるわはなあに？

33 ゴルフ場のコースに生えているのは芝という草。では口の中にあるといたい芝はなあに？

34 かぜをひくと、鼻に出てくるまりってなあに？

218-219ページの答え ⑲目玉 ⑳まぶた ㉑まつ毛 ㉒鼻 ㉓ほっぺ

足のなぞなぞ

35

ふうふのうち、おくさんが先に見た体の部分はどこかな？

36

正座をすると見えて、立つと見えなくなるのは体のどこかな？

37

足の下にあっても、ぜったいにふまないというものなあに？

答えは224〜225ページにのっているよ！

38 いつもいっしょにいて、ぬいたりぬかれたりして、競争(きょうそう)しているのは体(からだ)のどこかな？

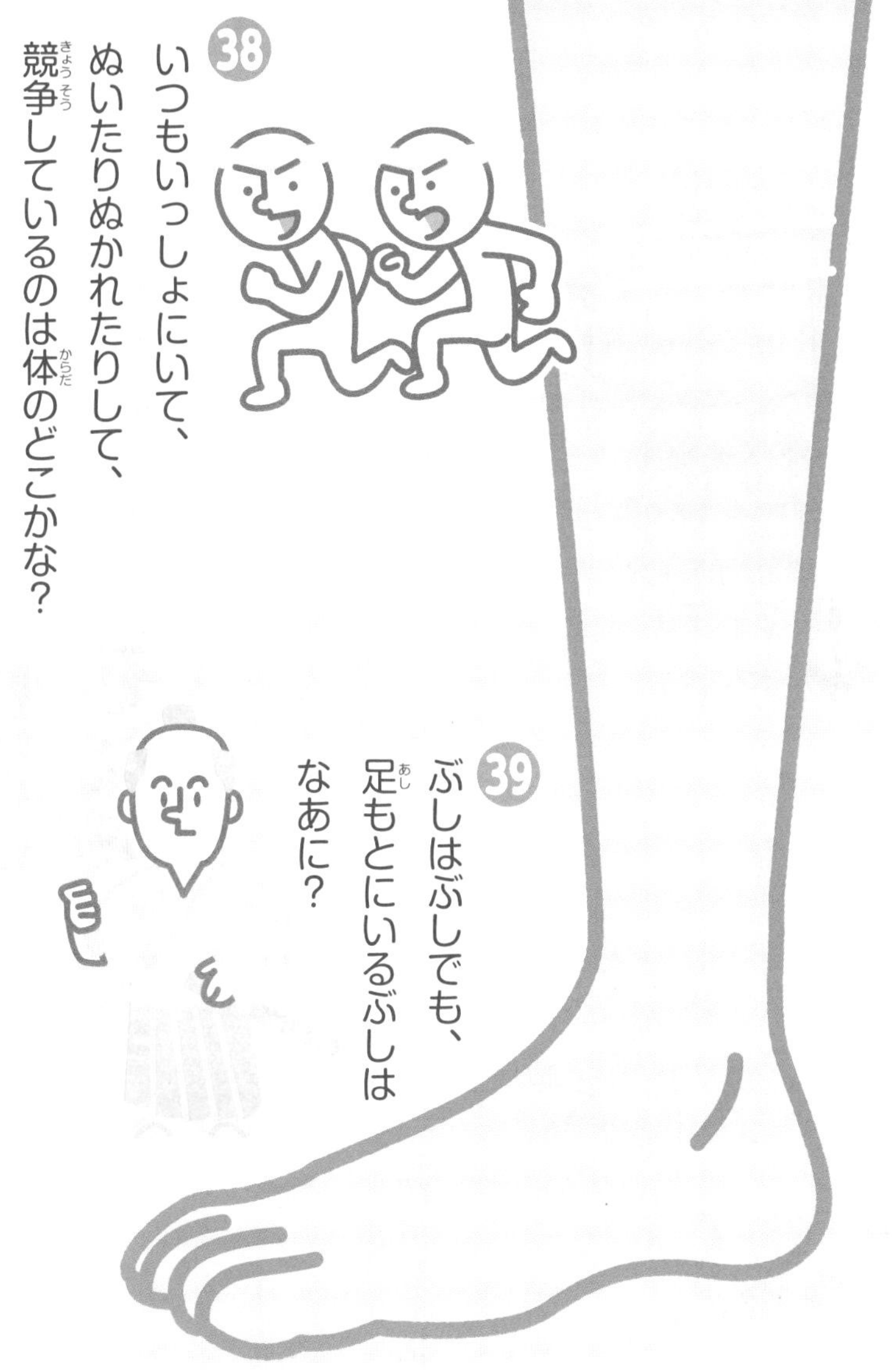

39 ぶしはぶしでも、足(あし)もとにいるぶしはなあに？

220-221ページの答え(こたえ) ㉗した　㉘歯(は)　㉙耳(みみ)たぶ（ブタ耳(みみ)）　㉚あご　㉛毛(け)

まだまだ足のなぞなぞだよ

40 体の一番下にある首ってなあに？

41 すわると曲がって、丸を付けると食べものになるのはなあに？

答えは226〜227ページにのっているよ！

42

みんなの足に
くっついてる
2ひきのゾウってなあに?

43

歩いたり走ったりすると、
たててしまうものは
なあに?

44

体についている
2つのくだものって
なあに?

45

立っている人はきれないで、
正座をしている人は
きれるものなあに?

222-223ページの答え ㉟つまさき ㊱足のうら ㊲土ふまず ㊳足

手と目のなぞなぞ

46 体にいる、同じ日にうまれた5人かぞくはなあに？

47 ヒツジのまん中をかくすと、体のあるものになるよ。なにかな？

48 めはめでも、手や足の先にあるめってどんなめかな？

答えは228〜229ページにのっているよ！

42ひざこぞう 43足音 44モモ 45しびれ

49
もんはもんでも
片手を開くと
5こも見える
もんって
なあに？

パチパチ

50
たきはたきでも、
目をぱちぱちさせる
たきはなあに？

51
インクはインクでも、目で、
できるインクってなあに？

224-225ページの答え　㊵足首　㊶ひざ（丸をつけると「ピザ」になる）

おなかのなぞなぞ？

52
時計なのに
カチカチ鳴らずに、
グーグー鳴る時計は
なあに？

53
おなかを倍の
大きさにする
ポーズはなあに？

54
前とうしろに
ついているのに、
「なか」といわれるのは
どこ？

答えは
230〜231ページに
のっているよ！

55
わらうときにかかえて、
おこるときに立てるもの
なあに?

56
つめたいものを
食べすぎると
こわれるけど、
バラバラには
ならないものなあに?

57
おなかのまん中の
小さなまん丸は
なあに?

226-227ページの答え 46ゆび 47ひじ 48つめ 49指もん 50まばたき

かいたりついたりたたいたり

58 なきそうになると、かくものなあに？

59 手でかかないで、足でかくものはなあに？

？

60 たきはたきでもトントンたたくと、よろこばれるたきってなあに？

トントン

答えは
232〜233ページに
のっているよ！

61 つきはつきでも、人の頭がないとできないつきはなあに？

62 モチはモチでも、つくといたいモチはなあに？

63 つえはつえでも、顔をのせるつえはなあに？

228-229ページの答え 52はら時計 53はらばい 54おなかとせなか 55はら

体なぞなぞまだまだつづくよ

64 いいときはたてに動き、だめなときは横に動くものなあに？

65 「うううううつつ」ってどこの骨？

66 首のうしろにある足ってなあに？

67 なにも食べられない赤ちゃんがすきなパイってなあに？

答えは236〜237ページにのっているよ！

68

体の中で人がのると
車になるところはどこかな？

69

あまそうな名前の
かみのゆい方はなあに？

70

かみを見てると、
気になるタイルってなあに？

71

すわるとき、
かならずイスにのせるものは
なにかな？

文字たどりめいろ

文字を読みながら、つり糸をたどると、なぞなぞになるよ。答えが食べものになるのは
Ⓐ〜Ⓓのどれかな？

スタート

やさっの
ほいらな
みこんがお
カいいで
ちンにぬの
みをりっ
ずをひこ
っもと×り
×

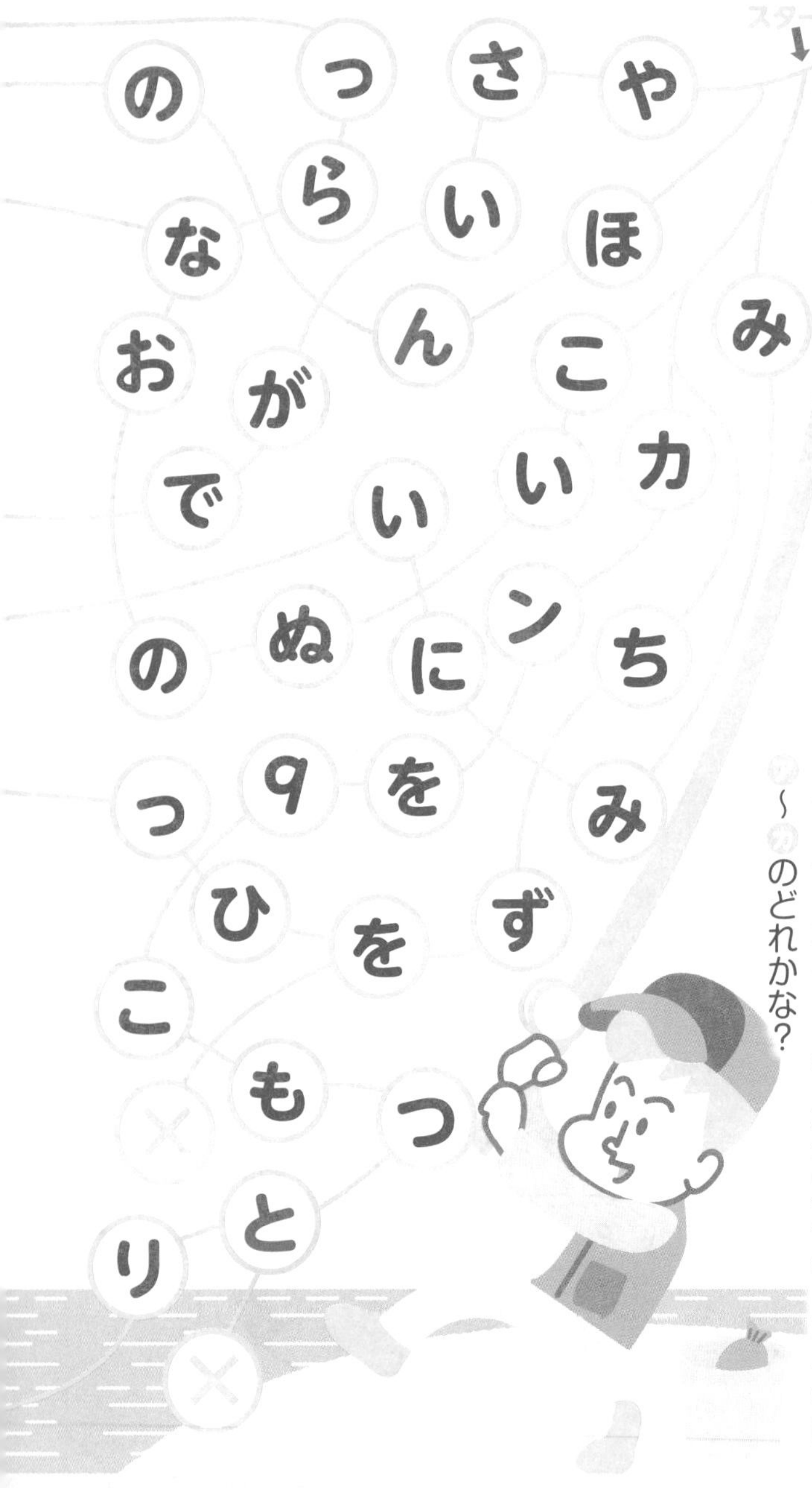

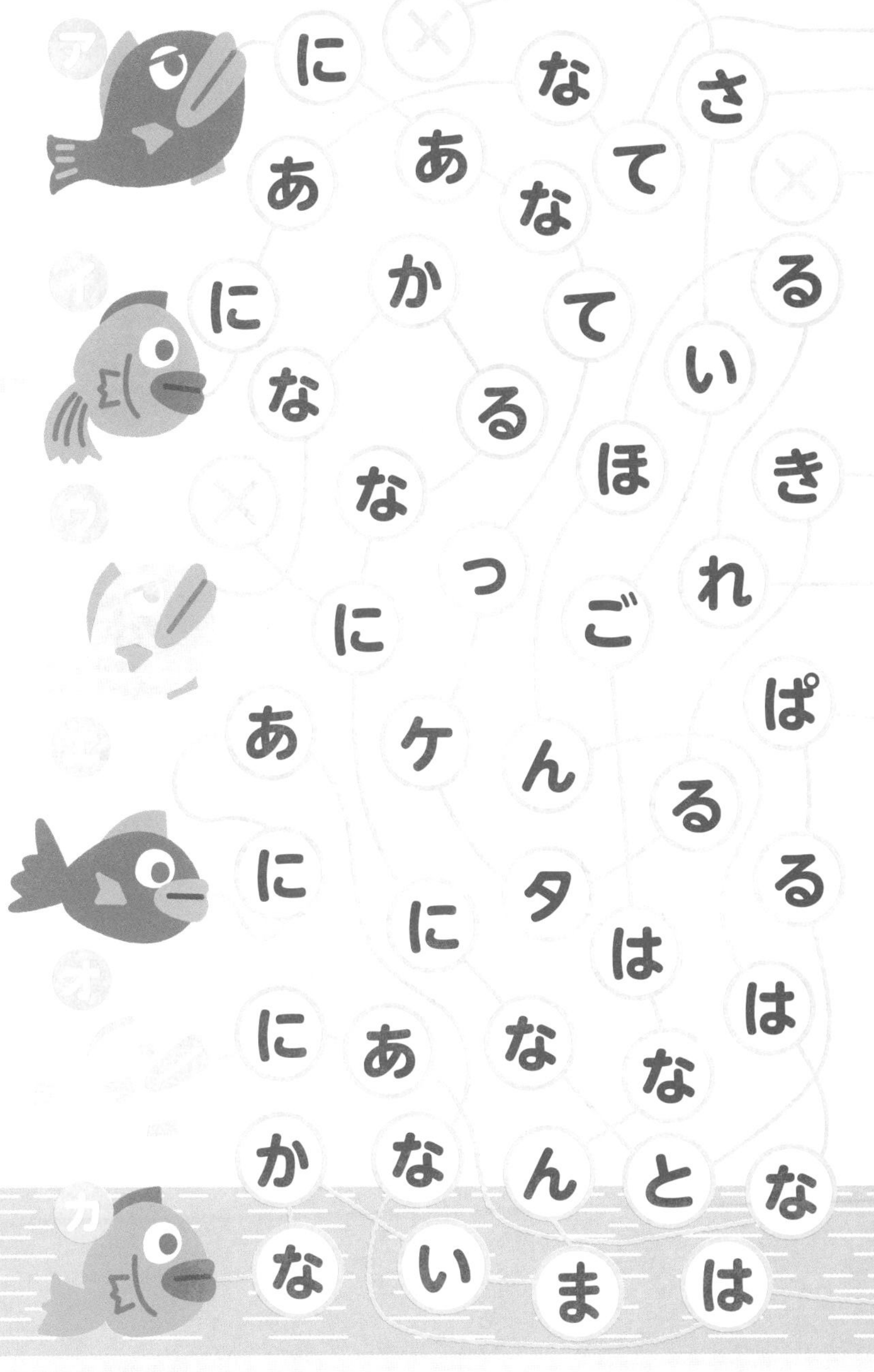

★答えは358ページにのっているよ！

体から出るものなぞなぞ

72 ときどき口から出てくるクリってどんなクリ？

ドキドキ

73 コショウのビンをふりすぎたら出てきたものはなあに？

74 きんちょうしたときに、かくものはなあに？

答えは238〜239ページにのっているよ！

68肩(肩車)　69みつあみ　70ヘアスタイル　71おしり

75 身体中がかゆくなるマシーンってなあに？

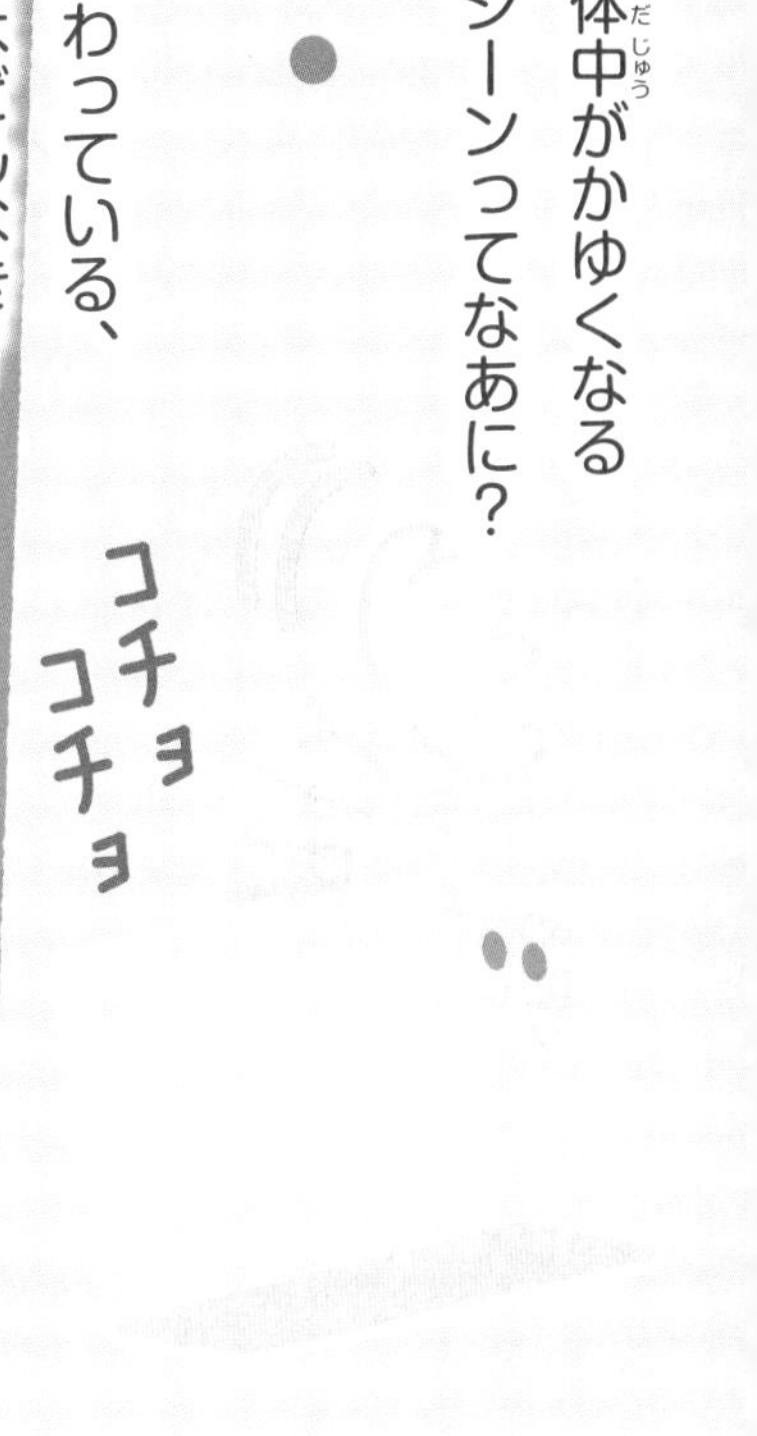

76 いつも動きまわっている、けんこうな木はどんなき？

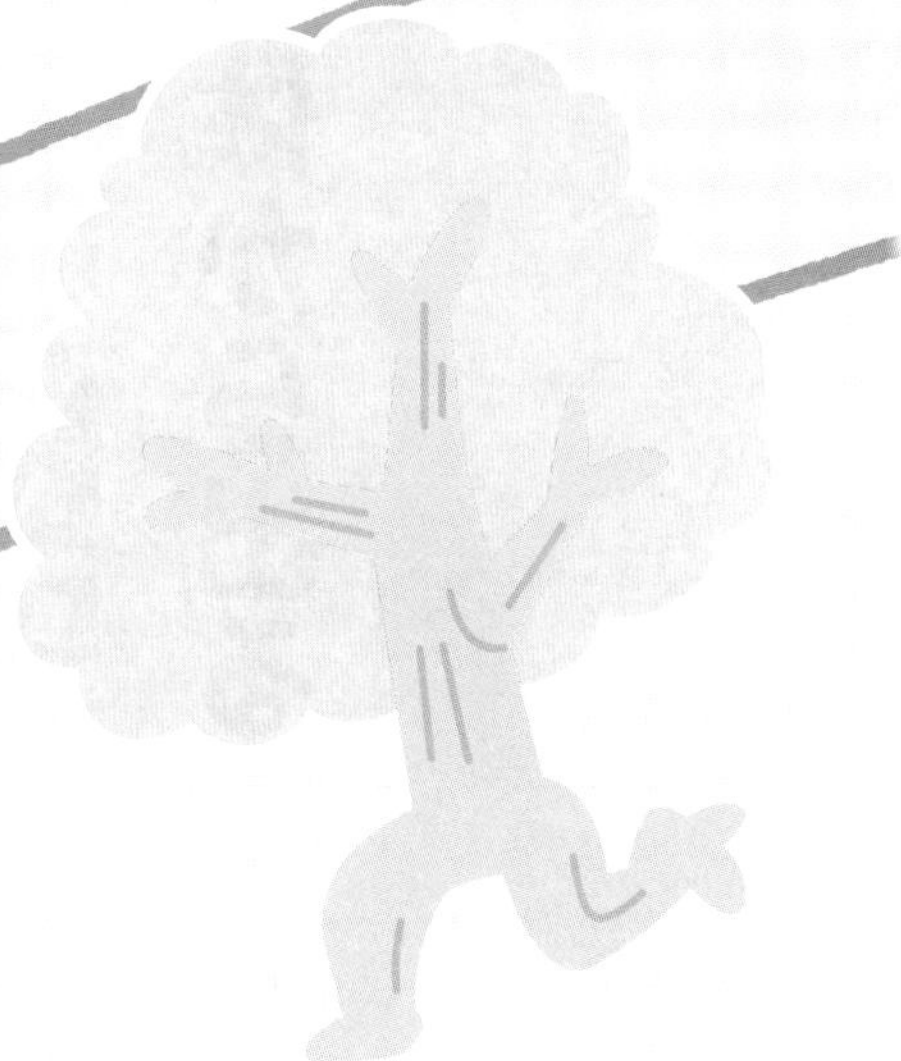

コチョコチョ
コチョコチョ

77 たたいてもへこまないで、ふくらむものなあに？

232-233ページの答え 64顔（頭・首） 65ろっこつ 66えりあし 67おっぱい

体から出るもの、どんなもの？

78 人の体で、上がるとこまり、下がるとよろこぶものなあに？

79 いっしょうけんめい走っていたら、きれたものなあに？

80 何日もおふろに入らないでいると、体につく色はなあに？

答えは240〜241ページにのっているよ！

75じんましん 76元気 77こぶ

81
くびはくびでも、眠くなると口の中から出てくるくびはなあに？

82
口から出て耳から入ってくるものなあに？

83
本を5冊読んだら、口から出てきたのはなあに？

236-237ページの答え　72しゃっくり　73クシャミ　74あせ・ひやあせ

ねているときなぞなぞ

84
どんなにいおうと思っても
いえないのに、知らないうちに
いっていることはなあに？

85
ゾウはゾウでも、
ねているときだけ
出るゾウはなあに？

86
かがみでは
ぜったい見られない
自分の顔はどんな顔？

答えは
242～243ページに
のっているよ！

83せき（ゴホン）

87
えりはえりでも、
ねているうちにひっくりかえる
えりってなあに？

88
大きくかくほど、
うるさいものはなあに？

238-239ページの答え　78病気の熱　79息　80あか　81あくび　82声

体なぞなぞラストだよ!

89

ビルはビルでも
筋肉むきむきの
ビルってなあに?

90

人の体で、
注意深くはかるところは
どこかな?

答えは
244〜245ページに
のっているよ!

91

炒り卵は
卵を炒るけど、
えがおはなにをいる？

92

トレーニングをすると
つくのに、見えないものは
なあに？

93

とても調子がいい
健康な腸を
なんというかな？

94

目でみないで、
したでみるものは
なあに？

240-241ページの答え 84ねごと 85ねぞう 86ねがお 87ねがえり

食べものなぞなぞ

95 しみといってもよごれじゃないよ。しんせんな魚でできるしみってなあに？

96 「す」を4てきたらして作る食べものはなあに？

97 オウムが1列になって食べたいという食べものはなあに？

食べたい！

答えは246〜247ページにのっているよ！

92体力　93ぜっこうちょう（絶好調）・かいちょう（快調）　94あじ

98

これを食べて試合をすると、3回は勝つという食べものはなあに？

○1－0

○3－1

○4－0

99

魚をやいているのに、大きなどうぶつをやいているというのはなにやきかな？

100

イスはイスでもお皿にのっている辛いイスはなあに？

242-243ページの答え 89ボディビル 90身長（慎重） 91スマイル

あま〜いもの、たくさん！

101 「アッ」とおどろいてから、
1回ふるえて、
食べるパイってなあに？

102 食べるとアイディアが
3こうかぶという
食べものはなあに？

103 「絵をもらいたい」と
いっている、
あまい食べものは
なあに？

104 空気がもれている
音がするクリームって
どんなクリーム？

答えは
248〜249ページに
のっているよ！

105
「ト」という字が
小さく書いてある
ケーキはなにケーキ？

106
ふくはふくでも、大きくて
食べることができるふくは
なあに？

107
見るとついつい、
口ぶえをふいてしまう
ケーキはなあに？

108
ジャパンは日本。では
ジャジャジャジャ
ジャジャジャパンって
なにパン？

244-245ページの答え　95さしみ　96すし　97オムレツ　98カツサンド

おいしいものいっぱいだよ！

109 だれもがうまいという
中華料理はなあに？

110 AとBがばらばらに
ちらばっている料理はなあに？

111 野菜で作ったのに
お皿しかないような
食べものはなあに？

答えは
250〜251ページに
のっているよ！

112 ウシがたいこを鳴らすと出てくる食べものはなあに？

113 きらいだという人がいない料理は、なにやきかな？

114 ドアのまん中に「リ」の文字を書いたら、出てきた食べものはなあに？

115 食べるとゴホゴホしそうなごはんってなあに？

246-247ページの答え　101アップルパイ　102あんみつ　103エクレア

ダジャレなぞなぞ

116 おなかのまん中でいつも感心しているのはなあに?

117 まちあわせにおくれてきたマツタケは、なんといったかな?

118 たくさん集まると、おぼれてしまう野菜はなあに?

119 朝、昼、晩のごはんのうち食べるとすごくショックをうけるのはどれ?

答えは252〜253ページにのっているよ!

113すきやき 114ドリア 115赤飯

248-249ページの答え ⑩⑨シュウマイ ⑪⓪エビチリ ⑪⑪サラダ ⑪⑫牛どん

いじわるなぞなぞ

124
100さいをすぎている
おじいちゃんなのに、
しらがが1本もはえてないよ。
なぜかな？

125
ユウくんはいつも
ジュースをストローで
すって飲むよ。
なぜかな？

答えは
254〜255ページに
のっているよ！

126

歯みがきは朝晩するけど、
食後もする人がいるよ。
いったいなんで
歯をみがくんだろう?

127

トマトはさかさにしてもトマト。
では、ミルクをさかさにしたら
どうなる?

128

畑にある10本のダイコンから
4本ぬいたら、あとはいくつ
のこっているかな?

129

日本一足の速い人が
いっしょうけんめい走ったのに
2着になってしまったよ。
なぜかな?

250-251ページの答え　116へそ(へーそー)　117まったけ?　118ごぼう(ゴボゴボ)　119朝食(超ショック)

頭のトレーニング！

130 □に入る数字はなにかな？

め→5
くち→3
て→4
あし→7
みみ→□

（ヒント：ちがう書き方をしてみよう！）

131 手と足のほかに、つめがあるのはどこかな？

脳（のう）
肺（はい）
腸（ちょう）

（ヒント：漢字の右がわをよ〜く見てね。）

132 なかまはずれは、どれかな？

は
もも
はな
ちょう
くさ

133 【ある】のほうに、共通していることはなあに？

ある	ない
キャンディー	わたがし
クリーム	さとう
コーヒー	おゆ
もなか	せんべい

（ヒント：前にことばがつくよ。）

126 歯ブラシでみがく　127 こぼれる　128 ぬいたあと（穴）は4つ　129 世界一足の速い人と走ったから

134 □に入る文字は、なあに？

パン＋（□－□－□）＝ホットドッグ

135 同じくだものを線でむすぼう。ただし、線が重ならないようにね。

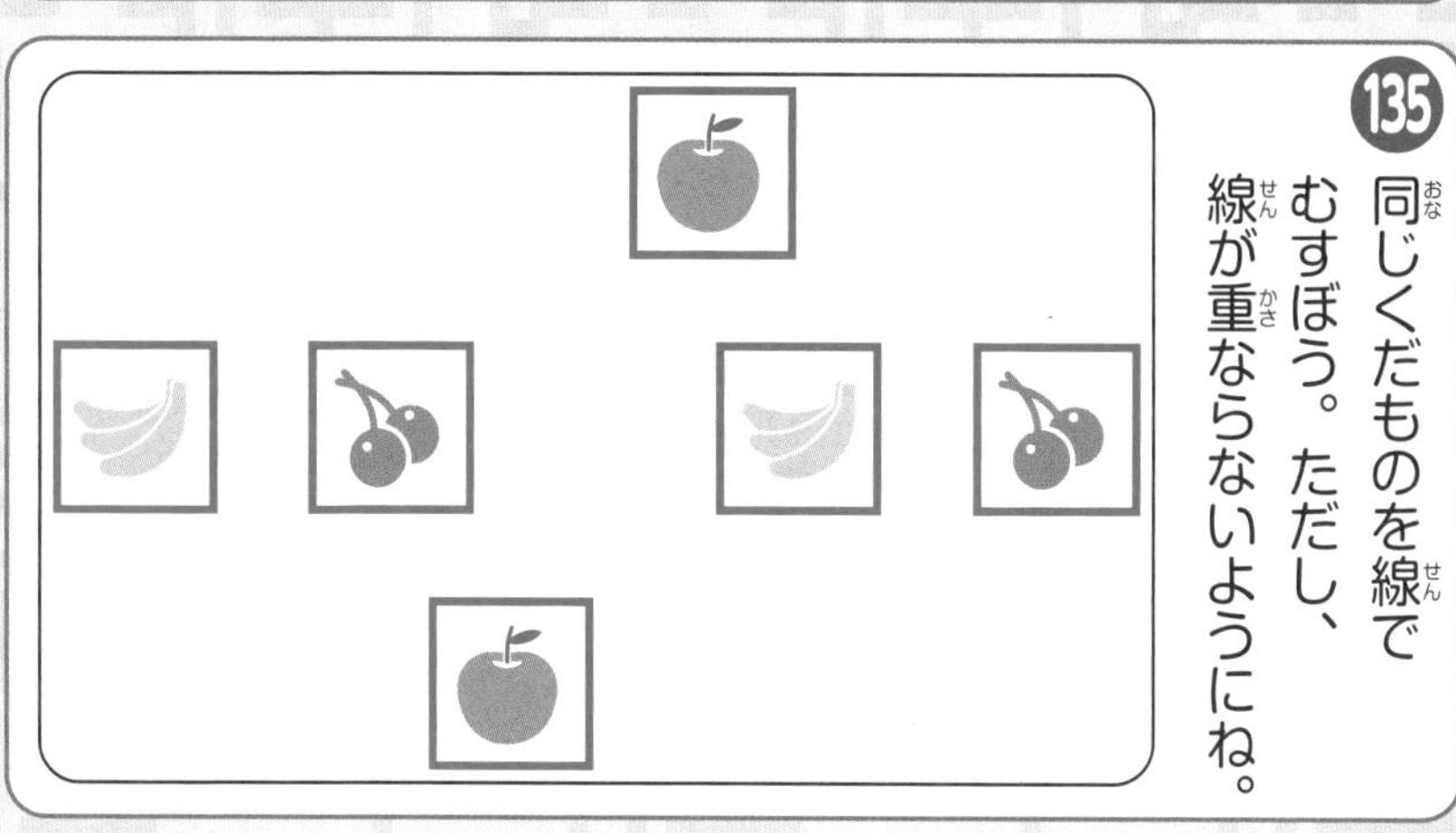

136 あみだくじをしよう。AとBにつくまでに通った文字をならべるとなぞなぞになるよ。なぞなぞの答えは、なにかな？

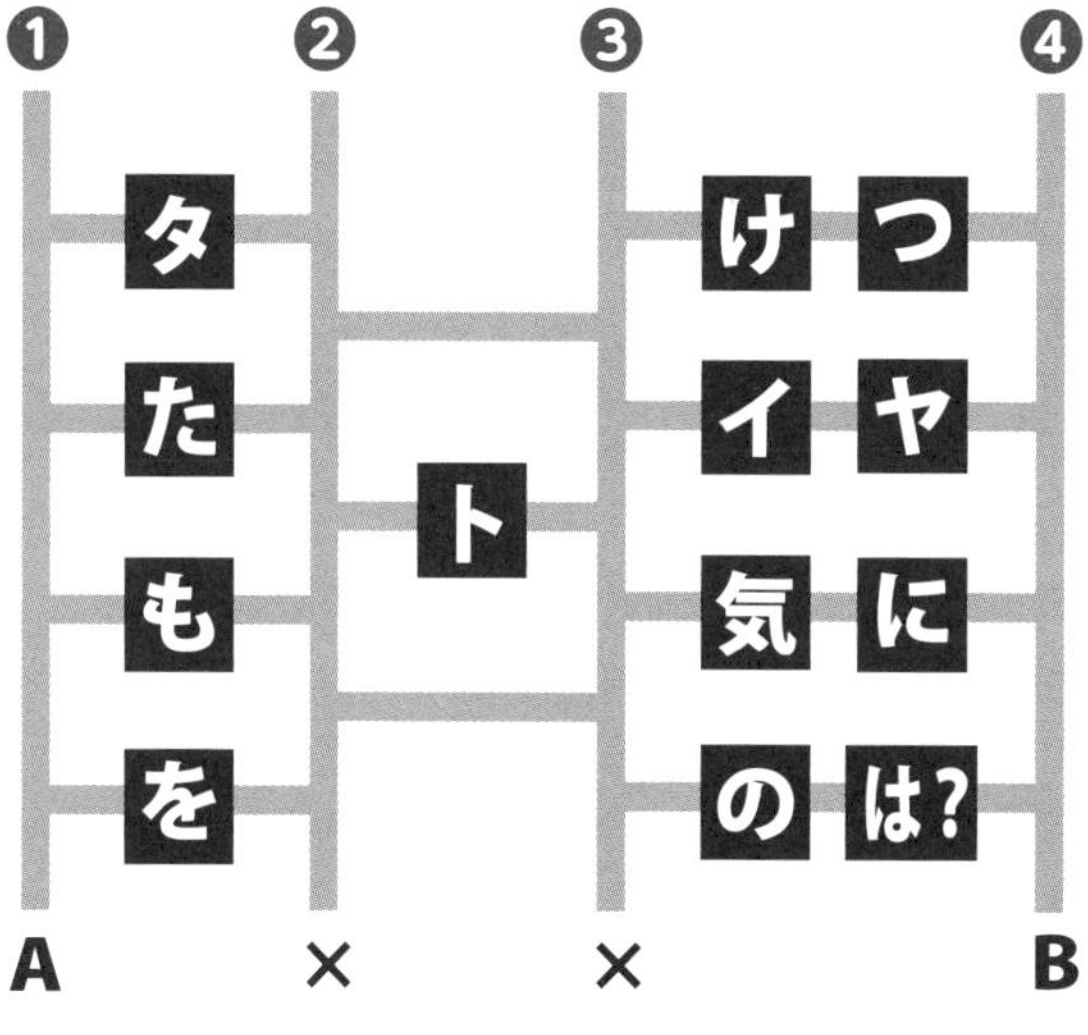

①　②　③　④

タ　た　も　を

ト

け　イ　気　の

つ　ヤ　に　は?

A　×　×　B

★答えは361ページにのっているよ！

252-253ページの答え　(124)かみの毛がなかったから　(125)ふいたら飲めないから

ステージ5 体と食べものなぞなぞにチャレンジ！

名前さがしクロスワードにチャレンジ！

下のリストにある食べもの、すべての名前を左のマスの中から見つけて、○でかこんでね。上下、左右、ななめ、どう読んでもいいよ。同じ文字はなんど使ってもいいよ。

Q ○でかこまれなかった4つの文字をならびかえると、体に関係のあることばができるよ。なんてことばかな？

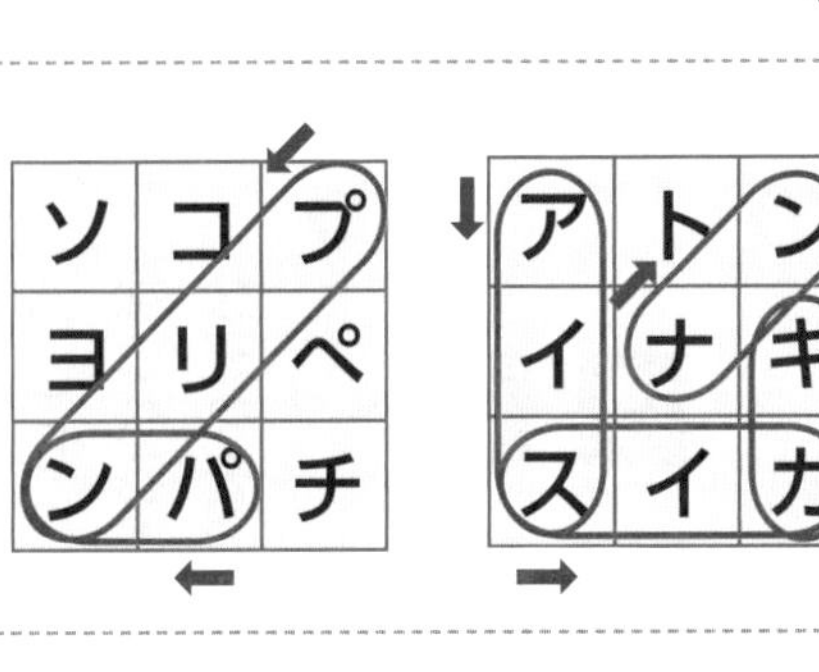

食べものリスト

❶チキンライス
❷オデン
❸サシミ
❹チャーハン
❺ハンバーグ
❻イクラ
❼スブタ

チ	キ	ン	ラ	イ	ス	ン	チ
ン	ー	デ	ー	ウ	ブ	ツ	ャ
ラ	テ	オ	メ	テ	タ	ナ	ー
マ	ス	ゾ	ン	ッ	ン	ー	ハ
サ	シ	ミ	タ	カ	ウ	ド	ン
コ	フ	ラ	イ	ド	チ	キ	ン
オ	ー	ク	コ	ン	マ	ク	ニ
コ	ラ	シ	グ	ー	バ	ン	ハ

❽ニクマン
❾テッカドン
❿メンタイコ
⓫ウドン
⓬ラーメン
⓭ナン
⓮オコサマランチ
⓯コーラ
⓰ドーナツ
⓱スシ
⓲テンドン
⓳フライドチキン
⓴ステーキ

★答(こた)えは364ページにのっているよ！

時空をこえた、なぞなぞの旅へ!!

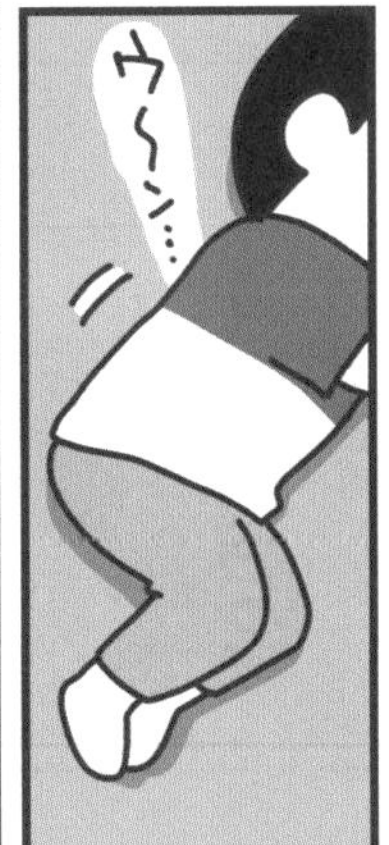

サイアクの気分!
ぐったり
いや~なかなかいい勢いじゃったの
エッへへへへ
おはずかしい

ところでナゾセン、地球をまんきつしてるけどナゾプラはだいじょうぶなの?

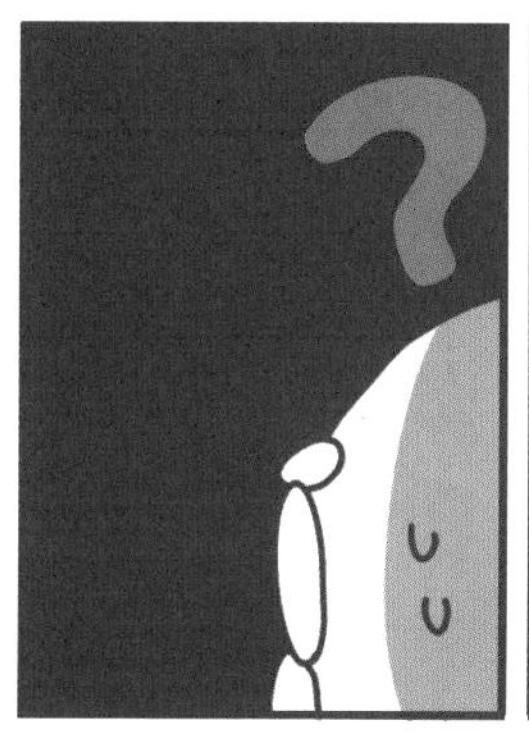

この星にのこるなぞなぞもあとわずか…これより時空をこえたさいごの旅に出かける!!
わすれてたっぽいね…
ね

ステージ6 タイムスリップ！ いろんな世界へ行ってみよう

タイムスリップ、ここはどこ？

1
オウムが、はじめておかしを見つけたのはいつかな？
2
クツはクツでも、岩でできたクツってなあに？
3
土でできているのに、いつもおなかを減らしてるものはなあに？

答えは262〜263ページにのっているよ！

4
にわはにわでも、
頭に葉っぱをのせた、
にわってなあに？
5
発掘したときに、
心ぞうがときめいた
ものはなあに？
6
そこでさかだちするだけで、
ケガをするところはどこかな？

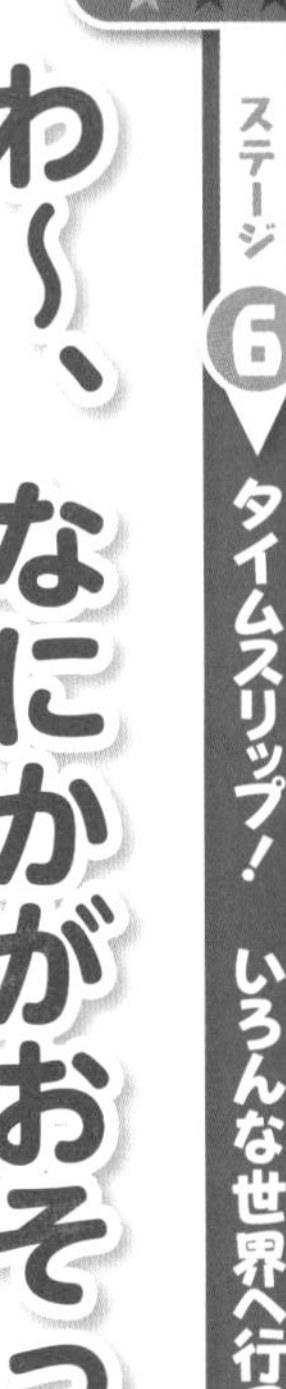

わ〜、なにかがおそってきたよ！

答えは264〜265ページにのっているよ！

7 大きいことを、いばっている生きものなあに？

8 ランは花だけど、投げると1人でもどってくるランはなあに？

9 ゲタを2つ持っていた人はどうしたかな？

10
いろはいろでも、
みんながぐるぐる
迷っちゃういろは
なあに？
どうぞ
11
なにもしなくても、
すぐに道を空けてくれる
ヘビはなあに？
12
巣を1万こも持っていると
いう、大むかしの生きものは
なあに？

260-261ページの答え　❶大むかし（オウムかし）　❷どうくつ　❸土偶（ぐ〜）

きょうりゅうなぞなぞだよ

⑬ 頭にトリをのせて、
おしりに針をさされた
きょうりゅうはなあに？

⑭ 数字の5を見ると、
すててしまう
きょうりゅうはなあに？

答えは
266～267ページに
のっているよ！

⑮

あんこを切ろう、と
さそっている
きょうりゅうはなあに？

⑯

朝はいつも、うら口にいる
きょうりゅうはなあに？

⑰

プシッタコサウルスに
かくれている
海の生きものはなあに？

⑱

おかしくて、ふきだしたら、
お寺にぶつかってしまった
きょうりゅうはなあに？

262-263ページの答え　⑦大蛇（大じゃ！）　⑧ブーメラン　⑨にげた

まだまだきょうりゅうなぞなぞ！

答えは268〜269ページにのっているよ！

19
あんこがほしいのに、あんこが「ない」とがっかりして、海をおよいでいたむかしの生きものはなあに？

20
フタバスズキリュウが持っているのりものはなあに？

21
サイカニアにくっついている生きもの3びきはなあに？

264-265ページの答え ⑬トリケラトプス ⑭ステゴサウルス

ステージ 6 タイムスリップ！ いろんな世界へ行ってみよう

おさむらいさんの時代？

㉕ となりの織田さんはせが高いけど、日本で一番高いのはなにさんかな？

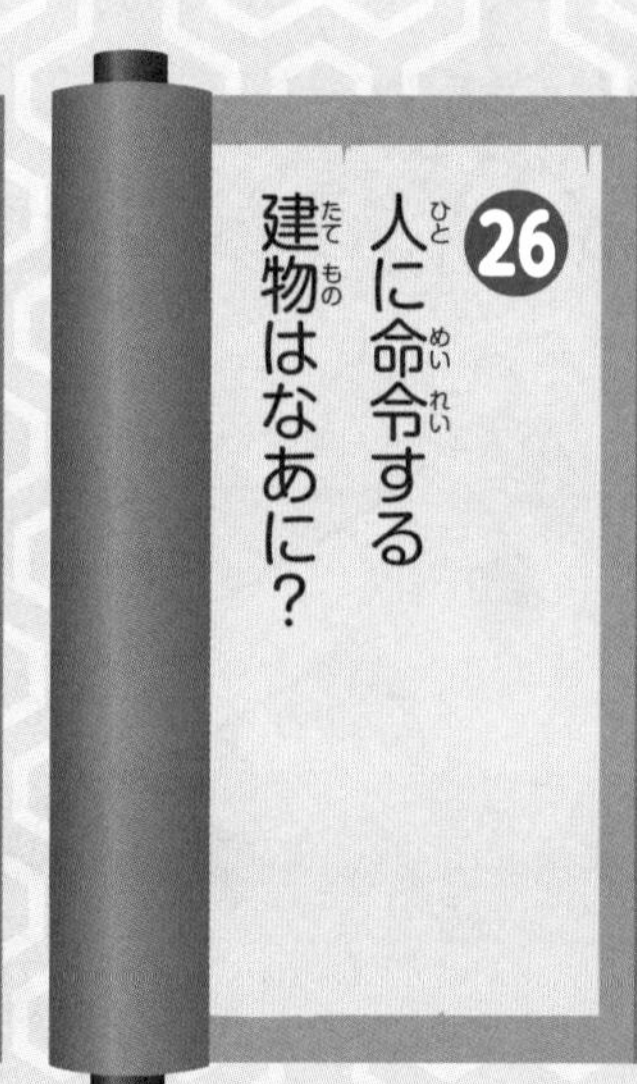

㉖ 人に命令する建物はなあに？

㉗ 1000回水を飲みこむ時代って、なに時代？

答えは270〜271ページにのっているよ！

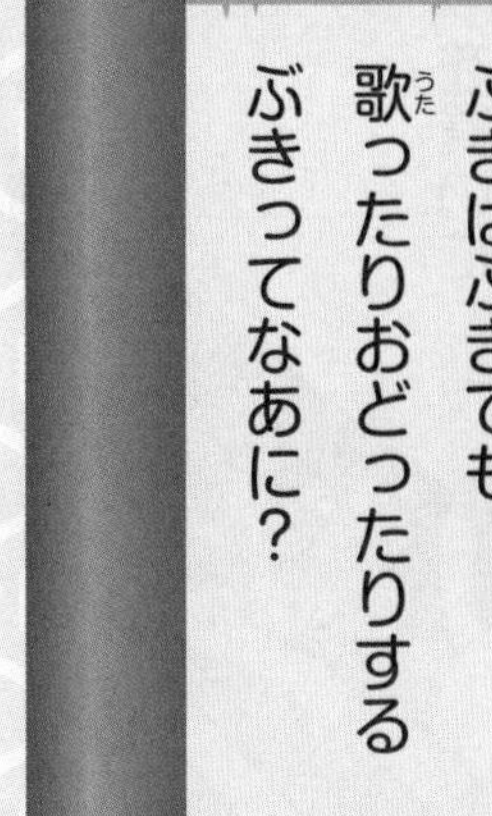

28

ぶきはぶきでも、
歌ったりおどったりする
ぶきってなあに？

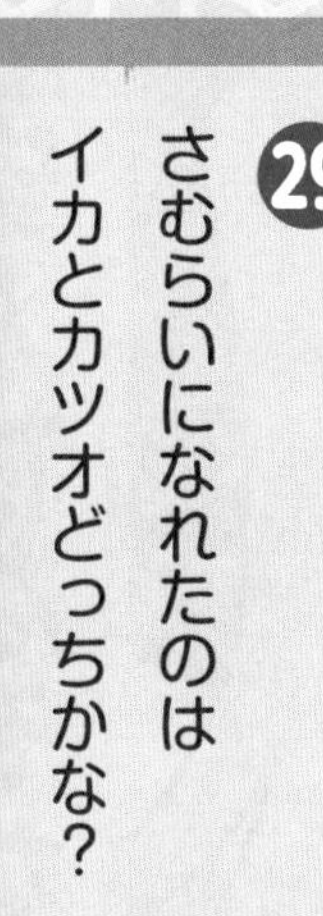

29

さむらいになれたのは
イカとカツオどっちかな？

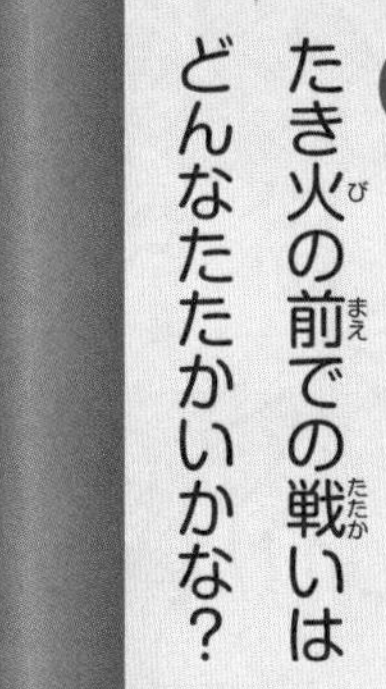

30

たき火の前での戦いは
どんなたたかいかな？

31

お城に入る前は、安い家に
住んでいたという
徳川の将軍はだあれ？

266-267ページの答え　⑲アンモナイト　⑳バス　㉑サイ、イカ、カニ

歴史人物なぞなぞ！

32 家を3軒持っていたという徳川の将軍はだあれ？

33 カツを買いに毎週出かけた人はだあれ？

34 やたらと「3」を人にすすめる斎藤さんはだあれ？

答えは272〜273ページにのっているよ！

29カツオ（カツオブシ（武士）） 30あたたかい 31徳川家康

35
ひじと肩がこって、
「もう、歳だぞう」
という人はだあれ？
36
朝、起きるとすぐに
そうじをするのは、
新選組のだあれ？
37
ごはんの最後は大もりよりも、
もっと高くもるのはだあれ？
38
なにか
食べるかどうか、
聞いてくる
おぼうさんはだあれ？
これも
たべる？
39
松を植えている場所で
よく俳句を作る人は
だあれ？

268-269ページの答え　㉕富士山　㉖しろ！（城）　㉗戦国時代　㉘かぶき

名前にヒントがかくれているぞ！

40

学校の入り口にあるものと同じ名前の、時代げきに出てくるおじいさんはだあれ？

41

上杉謙信は1か所だけに木を100本植えている家来に、なんていったかな？

答えは274〜275ページにのっているよ！

42

坂本龍馬が、
自分のウマをウシに変えて、
はじめた仕事はなあに？

43

武田信玄が、
あるしょくぶつを見つけて
さけんだよ。
なんてさけんだかな？

44

葛飾北斎に、
いつもくっついている
どうぶつ2ひきはなあに？

45

ぞうきんはぞうきんでも、
どこかに埋まっている高価な
ぞうきんはなあに？

270-271ページの答え ㉜徳川家光 ㉝勝海舟 ㉞斎藤道三(どう？3) ㉟土方歳三

忍者が出てきたぞ！

46 けんはけんでも長くなくて、忍者が投げたくなるのはどんなけん？

47 今日たたかう相手は強いかな弱いかな？

48 切っても切っても、切れないもののなあに？

49 新選組の近藤勇が剣道の試合で面や胴のぼう具をつけなかったのはなぜかな？

答えは276〜277ページにのっているよ！

43 竹だ！　44 シカとサイ　45 埋蔵金

272-273ページの答え　40水戸黄門　41植えすぎ！　42りょうし（漁師・猟師）

むかしからあるものだよ

53 千人のぼうずが
つなひきしている
食べものってなあに？

54 2人で行って、
1人で帰るものなあに？

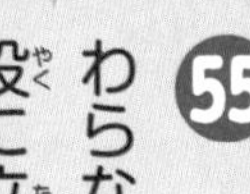

55 わらないと
役に立たないものなあに？

56 とってもとっても
へらないものなあに？

答えは
278〜279ページに
のっているよ！

57
仕事をするとき、頭を
たたかれるものなあに?

58
ヘビでもないのに
みどり色をしていてとぐろを
まいているものなあに?

59
台所にある、入り口が
1つで小さい出口が
いっぱいあるものなあに?

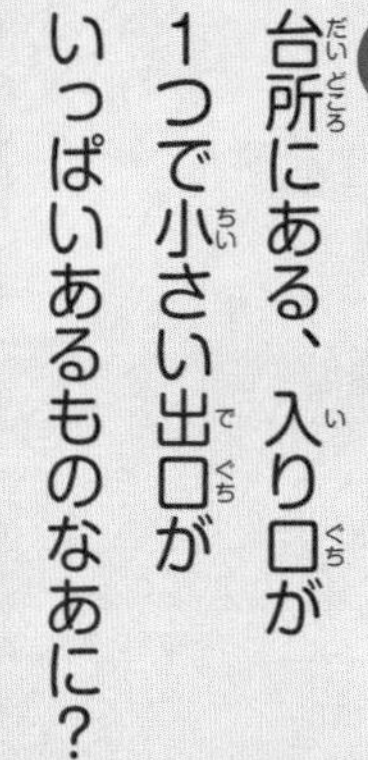

60
いくら押しても押しても
あんこが出てこない
まんじゅうはなあに?

274-275ページの答え ㊻しゅりけん ㊼強い(今日テキ→強敵)

ステージ6 タイムスリップ！ いろんな世界へ行ってみよう

世界の国の名前が答えだよ！

61 どんなものをあげても、いらないという国はどこかな？

62 理科の教科書の上にキャンディをおいている国はどこかな？

63 つりの名人でもタイを1ぴきしかつれないところはどこかな？

答えは280〜281ページにのっているよ！

276-277ページの答え 53なっとう 54おうふくハガキ 55たまご

いろんな国があるね

67 日本の文字を使っている国はどこかな？

68 神さまが世界中に雨をふらせたけど、ある国だけふらなかったよ。どこかな？

69 エレベーターにのると上にしか行かない国はどこかな？

70 イスの上にお酢をおいている国はどこかな？

答えは284〜285ページにのっているよ！

65コンゴ 66オランダ（オレんだ）

71 げんかんのベルを鳴らすと、ドアがきしんで開く国はどこかな？

72 これから会う人が、どの人か聞く国はどこかな？

73 かみの毛をちょっぴりこがしてしまった国はどこかな？

74 とこやさんが、かみの毛を半分しかかってくれない国はどこかな？

278-279ページの答え 61イラン 62アメリカ 63台湾（タイ・ワン） 64インド

ひらめき力 ★★★

ステージ6 タイムスリップ！ いろんな世界へ行ってみよう

ワープめいろ

スタートから同じ数字にとびながら、ゴールを目ざそう。数字が2つあるときは、どちらかに進んでね。とちゅうにある世界のなぞなぞにも、チャレンジしよう！

★答えは359ページにのっているよ！

ひらめき力 ★★★

ステージ6 タイムスリップ！ いろんな世界へ行ってみよう

お城の中に来たよ！

75 王さまの頭の上でムリしているものはなあに？

76 王さまが「ハイ」と返事をして外出したけど、なにをしに行ったのかな？

77 王さまがククッとわらいながらすることはなあに？

ハイ!!

答えは286～287ページにのっているよ！

69ノルウェー（「乗る」上） 70スイス 71ベルギー 72ドイツ 73チリ 74ハンガリー

280-281ページの答え　67カナダ（「かな」だ）　68フランス

宝さがしをしよう！

82 海ぞくの中から、いなくなったのはだあれ？

83 海にうかぶママママってなに？

84 とてもあぶない、命がけの剣はなあに？

答えは288〜289ページにのっているよ！

78プリンス　79盾　80うしろ　81棒と剣

284-285ページの答え ⑦⑤かんむり ⑦⑥ハイキング ⑦⑦クッキング

アメリカの大統領の名前、知ってる？

89 ワシとブタを持っている
アメリカ大統領はだあれ？

90 スズとカネをならす
アメリカ大統領はだあれ？

答えは
290〜291ページに
のっているよ！

86タカ 87矢 886(ロック)

91

ゆったりとした
ベルトをしている
アメリカ大統領はだあれ？

92

切るための文房具に
にている名前の
アメリカ大統領はだあれ？

93

高い肉を買ってしまい
ソンをした
アメリカ大統領はだあれ？

94

おじぎをしたら
頭をぶつけた
アメリカ大統領はだあれ？

286-287ページの答え 82 かぞく　83 しま　84 きけん・ぼうけん　85 たき

世界の偉人なぞなぞだよ

95

おばさんの名前が「マ」だというアメリカ大統領はだあれ？

96

「静かに」といってブタのかんさつをしているどうぶつの学者はだあれ？

答えは292～293ページにのっているよ！

288-289ページの答え 89ワシントン 90リンカーン 91ルーズベルト

知っている人はいるかな？

100 ダーと走っていって、勝利のポーズをとったのはだあれ？

101 あかりをつける器具のような兄弟ってだあれ？

答えは294〜295ページにのっているよ！

98キュリー夫人　99ガンジー

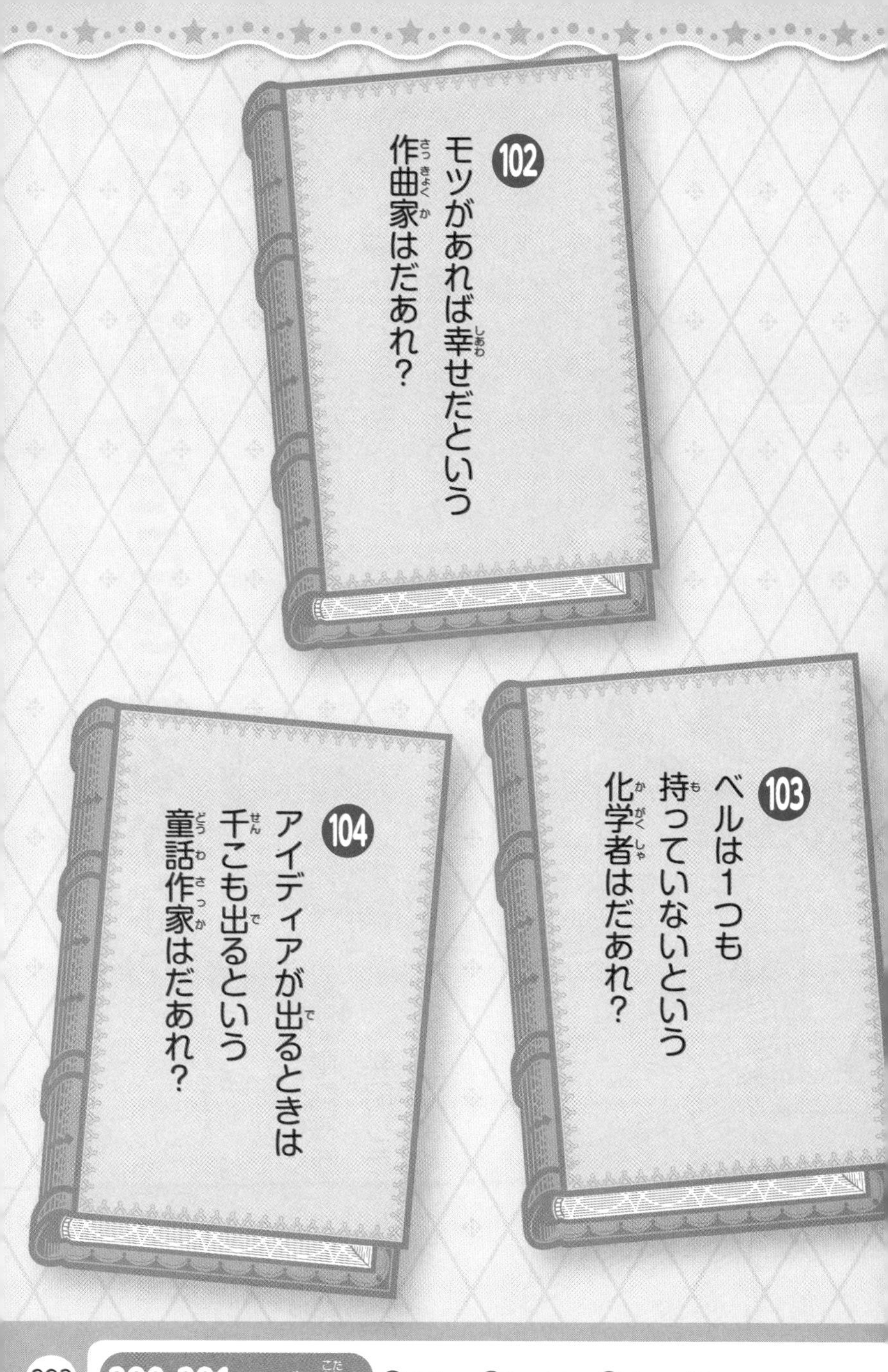

290-291ページの答え　95オバマ　96シートン　97チャップリン

ひらめき力
★★★

ステージ6 タイムスリップ！ いろんな世界へ行ってみよう

伝記を読んだことあるかな？

105 ころがったタマゴにクシをつきさした探検家はだあれ？

106 ガリレオが塔から落とした2この石は、どんなふうに落ちたかな？

107 電話機を発明したベルはどんな人かな？

答えは296〜297ページにのっているよ！

103ノーベル　104アンデルセン（案出る千）

292-293ページの答え ⑩ダーウィン ⑩ライト兄弟 ⑩モーツァルト

世界のなぞなぞにチャレンジ!

答えは298〜299ページにのっているよ!

110

森を通り抜けるとき、
どんなものにもさわらずに
進むものなあに?
(イギリスのなぞなぞ)

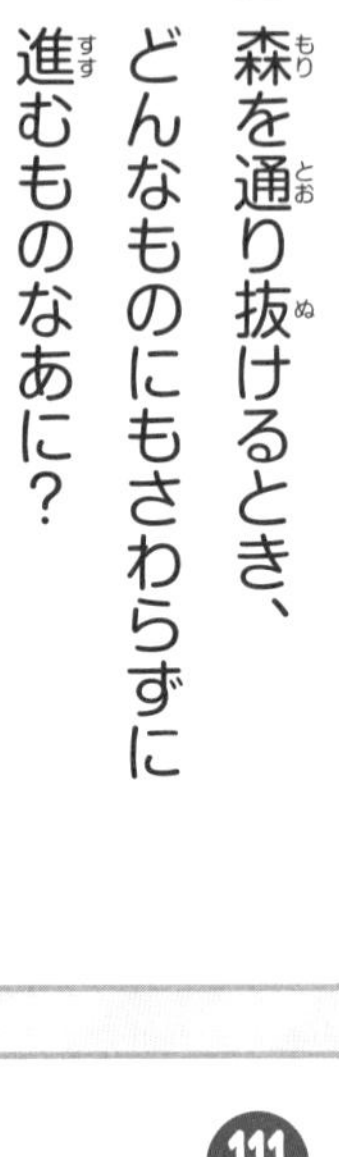

111

口の中にいる赤い金魚はなあに?
(フランスのなぞなぞ)

112

乗客1人に2せきのボート、
これ、なあに?
(フィリピンのなぞなぞ)

113

木よりも長く国々をまわり、
草よりも低くどこまでも続く。
これ、なあに？
（ドイツのなぞなぞ）

114

わたしはロビーでおどるけど、
ダンスは申しこめないよ。
わたしは、なあに？
（アメリカのなぞなぞ）

115

4人の兄弟が
1つのやねの下に
立っているよ。
これ、なあに？
（ロシアのなぞなぞ）

116

したがないのにおしゃべり。
すがたを見た人はいないけど、
よく聞こえる。
わたしは、なあに？
（ポーランドのなぞなぞ）

294-295ページの答え 105コロンブス 106ストーン 107よくしゃべる人

ダジャレなぞなぞ

117 人類がみんなカゼをひいて、ゴホゴホいっていた時代はなに時代？

118 江戸時代がすきな人は、なんといってみんなにじまんするかな？

119 「あれが、阿蘇山だ」といわれた人は、なんて答えたかな？

答えは300〜301ページにのっているよ！

116やまびこ

120

お寺にあって、
いつも「たたくぞ～」と
いってるのはなあに？

121

「将棋をしよう！」と
いったら、一番えらい人は
なんていったかかな？

122

細菌を研究している
北里柴三郎に、
いつから研究しているか
聞くと、なんて答えるかな？

123

火事を消して江戸の町を
守ったことを報告したら、
とのさまはなんて
いったかかな？

296-297ページの答え 110 風　111 した　112 クツ　113 道　114 かげ　115 つくえ

いじわるなぞなぞ

124 日本で一番速い列車は、どことどこのあいだを走っているかな？

125 法隆寺をたてたすごい人はだあれ？

答えは302〜303ページにのっているよ！

121 おう、しよう！（王将）　122 最近（細菌）です　123 しょうか、しょうか。（消火）

126

奈良の大仏はいつたったかな?

127

マオちゃんは、あかりのまったくついていない部屋でも本が読めるよ。なぜかな?

128

ツバメはなぜ毎年、南の方からとんでくるのかな?

129

かん切りをちゃんと持って行ったのに、キャンプ場でかんづめを食べられなかったよ。なぜかな?

130

発明王が公園のベンチで1日中すわって考えていたら日がくれたよ。ではベンチの上に立っていたらどうなるかな?

298-299ページの答え　117石器時代　118江戸はえーどー　119あ、そう　120仏像

131 一万円札のモデルになったこともある人だよ。だれかな？

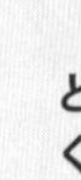

132 とんちのとくいなお坊さんだよ。だれかな？

50＋53＋90

133 『坊っちゃん』という小説を書いた人だよ。だれかな？

134

リンゴが落ちているのを見てひらめいた人だよ。だれかな？

135

イギリスの音楽グループだよ。だれかな？

136

ハワイのむかしの王さまだよ。だれかな？

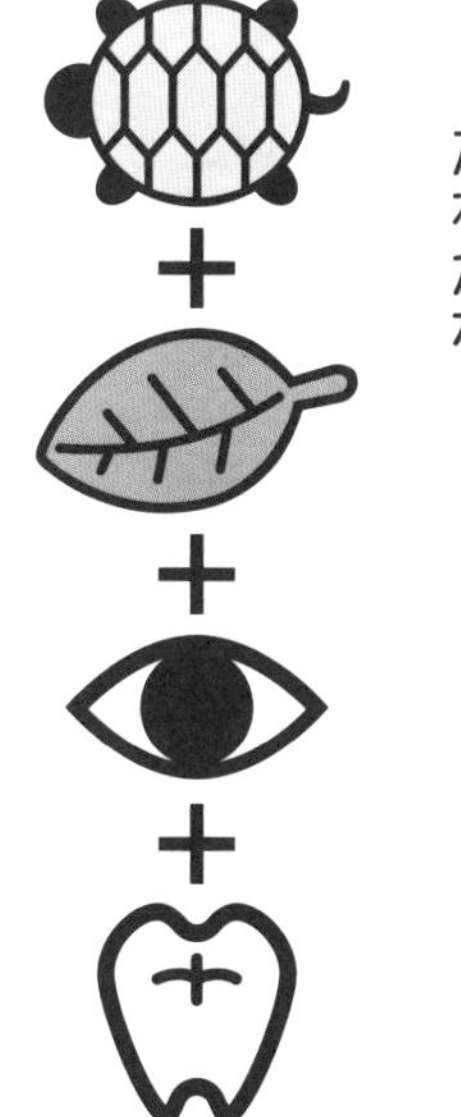

137

ゆうめいな大どろぼうだよ。だれかな？

★答えは361ページにのっているよ！

300-301ページの答え 124駅と駅のあいだ 125大工さん 126立ってはいない。すわったまま

ステージ6 タイムスリップ！ いろんな世界へ行ってみよう

名前さがしクロスワードにチャレンジ！

歴史上の人物の、名前クロスワードだよ。下のリストにある名前の、ひらがなの部分を左のマスの中から見つけて、○でかこんでね。上下、左右、ななめ、どう読んでもいいよ。同じ文字はなんど使ってもいいよ。

Q ○でかこまれなかった4つの文字をならびかえると、ある時代になるよ。なに時代かな？

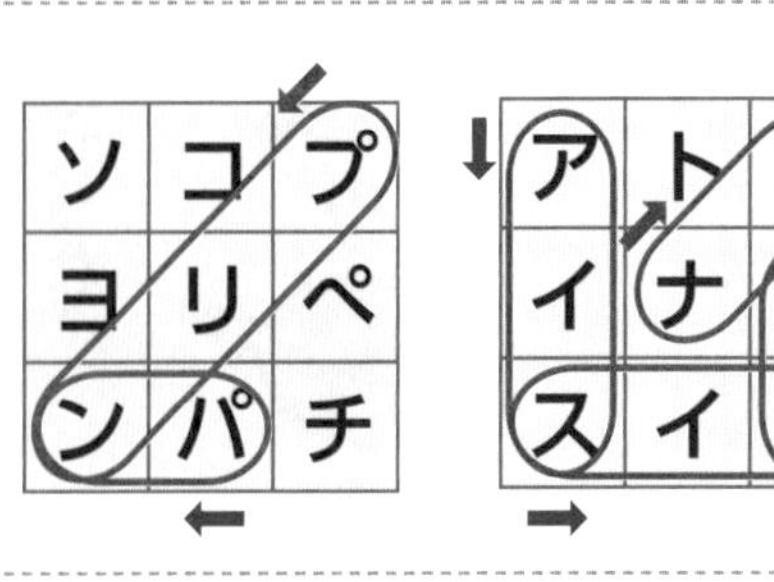

名前リスト

1. 明智みつひで
2. だてまさむね
3. ひみこ
4. 吉田しげる
5. 源よりとも
6. 源よしつね
7. 豊臣ひでよし
8. 徳川いえみつ
9. 吉田しょういん
10. 歌川ひろしげ
11. 杉田げんぱく

し	ょ	う	い	ん	い	と	ん
う	し	よ	で	ひ	も	た	だ
ほ	よ	へ	ち	み	か	か	て
ふ	き	げ	み	よ	い	も	ま
く	さ	ん	し	る	し	り	さ
ざ	つ	ぱ	と	げ	ゅ	つ	む
わ	み	く	の	し	う	よ	ね
ゆ	え	ぶ	ま	う	ょ	り	こ
き	い	ひ	ろ	し	げ	と	み
ち	あ	み	つ	ひ	で	も	ひ

⑫ 木戸(きど)たかよし
⑬ 高杉(たかすぎ)しんさく
⑭ 大久保(おおくぼ)としみち
⑮ 西郷(さいごう)たかもり
⑯ 坂本(さかもと)りょうま
⑰ ふくざわゆきち
⑱ 大隈(おおくま)しげのぶ
⑲ 岩倉(いわくら)ともみ
⑳ 伊藤(いとう)ひろぶみ
㉑ 志賀(しが)きよし
㉒ 三蔵(さんぞう)ほうし
㉓ 勝(かつ)かいしゅう

★答(こた)えは365ページにのっているよ！

なぞなぞプラネットに向けて出発だ!!

ええ〜〜〜!

ワシの見たところ
きみたちのなぞなぞ脳は
ぐんぐんレベルアップ
しておる！
すごい
成長じゃ！

いよっ！
なぞなぞの
申し子！
プロッ！
神！
まあ、
どうして
もって
いうなら…
兄よ…

たのむ！
きみたちの力を
かしてくれ〜っ
ぶじにネタバラ星人を
おいかえした
あかつきには…

ニン●ンドース●ッチを
プレゼント…
のった！
いもうとよ…

かんしゃするぞ
2人とも！
では
これより
なぞなぞ
プラネットに
向けて出発する！

シュンッ
いざ！

宇宙でなぞなぞしよう！

①おねだりばかりする、空にあるものなあに？

あれいいなあ～

②夜空に見える「みどりのつみき」ってなあに？

③空の上にあっても、水がこぼれてこない、川ってなあに？

答えは310～311ページにのっているよ！

④きみが住んでいる、名前に
数字がつく星って、なんの星？
⑤星は表しかないと
いうものはなあに？
⑥つきはつきでも、
本当のことを
いわないつきって
なあに？

わく星のなぞなぞだよ

7 材料が木でできている星はなあに？

8 ものをかりるときに、いばっていう星はなあに？

9 「い」をつけるといたがるのはなあに？

答えは312〜313ページにのっているよ！

308-309ページの答え　❶星（欲し〜）　❷月（「つみき」から「み」をとる）

宇宙旅行は楽しいな♪

13 宇宙に行った子ウシって、どんな子ウシかな?

14 宇宙船にかならず2つあるものはなあに?

答えは314～315ページにのっているよ!

15

くさくてみんなに
おどろかれる星(ほし)はなあに？

16

名前(なまえ)が「れ」だという
星(ほし)はなあに？

17

星(ほし)が上(うえ)に
のっているイモってなあに？

18

宇宙(うちゅう)に行(い)くと
食欲(しょくよく)がなくなるのは
なぜかな？

19

きちんとすわっていると
空(そら)に見(み)えるものは
なあに？

310-311ページの答(こた)え ❼木星(もくせい)(木製(もくせい)) ❽火星(かせい)(貸(か)せい！) ❾太陽(たいよう)(いたいよう)

星座のなぞなぞだよ

⑳いつもいたがっている星座は、なに座かな？

㉑2ひきの力がいる星座は、なに座かな？

㉒かけ算をしたら16になった星座は、なに座かな？

答えは316～317ページにのっているよ！

⑯ながれ星　⑰干しいも　⑱空気(食う気)がなくなるから　⑲星座(正座)

㉓ なにを食べても「ウメ～ウメ～」という星座は、なに座となに座かな？

㉔ 海や川で、「ウオ～」とほえている星座は、なに座かな？

㉕ びんを10本持っている星座は、なに座かな？

㉖ 4の数字をおいかける星座は、なに座かな？

㉗ なべのフタを5こ持っている星座は、なに座かな？

312-313ページの答え ⑬宇宙飛行士 ⑭「う」の文字 ⑮惑星（わっ、くせー）

ステージ7 ふしぎがいっぱいの宇宙へ！

どんどん宇宙を進もう！

28

せきはせきでも
口から出なくて、
空からふってくる
せきはなあに？

29

星座にも
いろいろあるけど、
中華料理やさんで
出てくるのは、
なにザかな？

30

たまにおにぎりの中に
入っていたりする、
すっぱい星は
なにぼしかな？

答えは
318〜319ページに
のっているよ！

㉓やぎ座とおひつじ座　㉔うお座　㉕てんびん座　㉖おうし座　㉗ふたご座

314-315ページの答え ⑳いて座 ㉑かに座 ㉒しし座

宇宙人があらわれた！

34 宇宙にいるのは宇宙人。ではいつも自動車の中にいるのはなにじんかな？

35 いつも火事にならないようにしているのは、なにじんかな？

36 ソースのなかまになった星はなにスターー？

答えは320〜321ページにのっているよ！

32起き上がりこぼし　33もちつき

37 宇宙にあるのは惑星。
では作っていたものが
できたというのは、なにせい？

38 ちゅうせんといっても
アタリもハズレもなく、
地球の外に出られるちゅうせんはなあに？

39 「ユーユーユーユー」という音を
出しながら
とんできたのは
なあに？

まだまだ宇宙なぞなぞ

40 地球で一番小さいものはなあに？

41 1こでも100こでも2こだという星はなあに？

答えは322～323ページにのっているよ！

42

宇宙で鳴いている
どうぶつはなあに？

43

月は月でも、
かるたとりをしているときに
出る月はなあに？

44

ひこうきの中でいつも
服装を気にしている人は
だあれ？

45

こわーい星って
なにスター？

318-319ページの答え ㉞エンジン ㉟火の用心 ㊱ウスター／オイスター

おかしな変身なぞなぞ

46 ママはママでも自分かってなママは、なにママかな？

47 アリが、おのを飲みこんだらなにになるかな？

48 ないというのに、ちょっとはあるというのはなあに？

答えは324〜325ページにのっているよ！

49 かりてきたタルのことを
なんというかな？

これもほし
あれほしい

50 ハリはハリでも、なんでも
ほしがるハリって、なにバリかな？

51 クシはクシでも、頭に使わないで目に
使うクシはなあに？

320-321ページの答え　40「ゆ」の文字　41ニボシ　42ネズミ（うチュウ）

ふつうの○○じゃないよ！

52

1回見ると
もう1回見たくなる
かがみってなあに？

53

どんなことからも、
にげだしそうな
ゴミってなあに？

54

ビリなのにあわてないで、
ゆったりしている
ビリってなあに？

答えは
326〜327ページに
のっているよ！

55

みんなにゴムまりを
あげたら1つのこったよ。
どんなまりかな？

56

ふたはふたでも、
なべになくて、
あわてたとき出てくるのは
どんなふた？

57

せまいところには
あらわれない、みんなを
助ける人をなんというかな？

322-323ページの答え　46わがまま　47あおのり　48少ない　49レンタル

水の生きものが変身？

58 おふろから出てブラブラしてると出てくるサメはなにザメかな？

59 タイはタイでも、なかなか持てない、タイはなあに？

60 カエルはカエルでも自分のものと人のものを交かんするカエルはどんなカエル？

答えは
328〜329ページに
のっているよ！

61 クイズをといている最中のカエルは、なにガエル？

62 ぶきはぶきでも水をつかってできるぶきはなあに？

63 カメはカメでも、おみそしるや酢のものに入っているカメはなあに？

324-325ページの答え　52サイド（再度）ミラー　53しりごみ　54のんびり

まだまだ水の生きものなぞなぞ

64

海にあるのは海そう。
では、いろんな顔をするのは、
なにそうかな?

65

手や体を動かして
相手にいいたいことを伝える
ブリはどんなブリ?

答えは
332~333ページに
のっているよ!

66
タイの中でも、
がまん強いタイを
なんというかな？

67
ブリはブリでも、思いっきり
かみつくブリって、どんなブリ？

68
タイはタイでも、
体に厚みのあるタイは、
なんとよばれるかな？

69
どんなにおいはらっても、
ついてくるコイは
どんなコイかな？

70
地面の上ではなく
水の中であらわれたものは
どうなる？

326-327ページの答え　58ゆざめ　59重たい　60とりかえる　61考える

宇宙めいろ

なぞなぞをときながらゴールまで行こう。できたら、なぞなぞの答えのはじめの文字を、じゅんばんに読んでみてね。

スタート
❶くじなのに一等二等がなくて、大中小があるのはなあに？
❷しずかにするようにいっているタケってなあに？

★答えは359ページにのっているよ!

貝のなぞなぞだよ

71 貝は貝でも、とてもおもしろくて、ついわらっちゃうカイはなあに？

72 ほかの貝よりもとても大きなカイのことをなんというかな？

73 かくれんぼをするときに、出てくる貝はどんなカイ？

大きいなあ

ひょこ

答えは334〜335ページにのっているよ！

67ガブリ　68厚ぼったい　69しつこい　70きれいになる(水で洗われた)

74 もうだめだと思ったときに出てくるカイはなあに？

75 カイが10こ集まると出てくるものはなあに？

76 貝には丸いものやほそいものがあるけど、長くないカイってなあに？

328-329ページの答え 64百めんそう 65身ぶり手ぶり 66にんたい

どうぶつが変身？

77 クマはクマでも天使のライバルのクマってなあに？

78 ヒツジの鳴き声を10回した人間って、どんな人間かな？

79 晩に出てきたヒョウが気にしていることはなにかな？

答えは336〜337ページにのっているよ！

80 木のマネをしているネコってなあに？

81 いつも親ザルのせなかにのっているサルはなにさる？

82 トラはトラでも楽器をいっぱい集めるトラはなあに？

83 目ざすものを、決めているヒョウはなにヒョウかな？

84 サイはサイでも、洋服を作るのがとくいなサイはなあに？

332-333ページの答え　71ゆかい　72でっかい　73もういいかい　74げんかい

まだまだどうぶつなぞなぞ

85 ヒグマよりこわくて、地下深くにいるのはなにグマかな？

86 竜の中でもトップクラスの竜をなんというかな？

87 ウマはウマくぞうきんをしぼったよ。では、ウシはどうやってしぼったかな？

答えは338〜339ページにのっているよ！

80まねきねこ 81おぶさる 82オーケストラ 83目標 84洋裁

88 とりはとりでも、とっても うつくしいものを見たときに 出てくるとりはなあに？

89 3人いたのに2人帰ったら、出てくるとりはなあに？

90 うしろにむかってとぶとりは、なにどりかな？

91 とりはとりでもおしりに どんどんつながるとりはなあに？

334-335ページの答え ⑦⑦あくま ⑦⑧とうめい人間 ⑦⑨ひょうばん

ステージ7 ふしぎがいっぱいの宇宙へ！

しょくぶつが変身？

92 クリはクリでも、とってもよくにているクリはどんなクリ？

93 木の芽、草の芽いろいろあるけど、出しゃばらないのはどんなめかかな？

94 マツは木だけど、木じゃなくて、粉だというマツはなあに？

95 そのまま読むと広い場所、さかさに読むと木の実になるところはどこかな？

答えは340〜341ページにのっているよ！

88うっとり　89 1人　90あともどり　91しりとり

96

クリじゃないのに、
からの中に
イガがあるのはなあに？

97

ナスはナスでも、
ふえないナスって
なあに？

98

クリの中でも、
太くてせもひくいのは
なにグリかな？

99

世界一うつくしいといわれる
ナスは、なにナス？

336-337ページの答え　85マグマ　86一流　87ギュウッとしぼった

ステージ7 ふしぎがいっぱいの宇宙へ！

そろそろラストスパートだ！

100
月は月でも、
人の血をすう
つきってなあに？

101
人の行く手を
さえぎる
「まもの」って
なあに？

102
足を南がわに
むけてねたら、
みんながおこったのは
なぜかな？

103
みんなが見物に
行くものは、
東西南北のどっちに
あるかな？

答えは
342〜343ページに
のっているよ！

96貝がら 97マイナス 98ずんぐり 99ビーナス

104
海の神と山の神、
まぬけなのは
どっちかな？

105
のりはのりでも
手のひらをくっつける
のりってなあに？

106
となえると開く
まほうの門って、
どんな門かな？

107
「こっちに来て」という
門ってどんな門かな？

108
15の数字が
いやだという
月はなあに？

338-339ページの答え　92そっくり　93ひかえめ　94ふんまつ　95陸

ダジャレなぞなぞ

109 ドラキュラが青い血を飲んだら、なんといったかな？

110 本当にありえないものをなんという？

111 兄弟が歩いていて弟が石につまずいたとき、なんといったかな？

112 家にお客をあげるのがすきな花はなあに？

答えは344〜345ページにのっているよ！

104 海の神（「ま」がぬけている） 105 お祈り 106 じゅもん 107 カモン 108 十五夜（15イヤ）の月

113

だまされたウサギは、なんといったかな？

114

カにことわられる運動会の種目はなあに？

115

金でできたとびらを「開けられない」という女の子はだあれ？

116

口にあてると、歯もわらっちゃう楽器はなあに？

340-341ページの答え　100きゅうけつき　101じゃまもの　102頭にきた(北)から　103南(みな見にいく)

いじわるなぞなぞ

117

羽もマントもないのに空をとんでいる人はだあれ？

118

めがねをかけているのに、またかけている人はどんな人？

答えは346〜347ページにのっているよ！

119

ひこうきからパラシュートで
とびおりたのに、
いつになっても地面に
つかないのはなぜかな？

120

春、夏、秋、冬、一年の中で
一番長い日数なのはどれ？

121

大きいチョウと、
とても小さいチョウが
とんでいるよ。
小さいチョウは子どもかな？

122

大きなジャンボジェット機が
空をとぶのはふしぎだね。
いったいどうしてとぶのかな？

123

アラジンのまほうのランプは、
ひとこすりするとまほう使いが
あらわれるよ。
では、ランプをずーっと
こすっているとどうなる？

342-343ページの答え 109 あー、おいち　110 まじない(マジ、ない！)　111 おっとっと

頭のトレーニング！

124 宇宙人のことばをマークにしたよ。どれがどれかな？線でむすぼう。

（れい）
♡×♡・　・ププププ
♡♡♡・　・プペプ

○☆□△・　・パピピペ
☆○△□・　・ポペポペ
○△○△・　・パピパピ
□☆☆△・　・ポピパペ
□☆□☆・　・ピポペパ

125 1つだけ、輪を切って、4つの輪をバラバラにしよう。どの輪を切ればいいかな？

126 マッチぼうで書いたよ。なんと、読むのかな？

（ヒント：英語だよ！）

127 バラバラしりとりだよ。3文字のどうぶつをひとつ足して、ぜんぶがつながるようにしよう。

しまうま
うし
だちょう
ごりら
○○○

128 ぼうで、3つの形を作ったよ。ぼうを2本だけ動かして、ぜんぶなくしてね。

129 宇宙人からの暗号文だよ。なんて書いてあるのかな？

ユ	ハ	キ
レ	ウ	イ
ダ	キ	チ

130 8この石のうち、ひとつだけ、ほかの石より重い月の石がまざっているよ。はかりを2回だけ使って、月の石をみつけてね。どんな順番で、はかればいいかな？

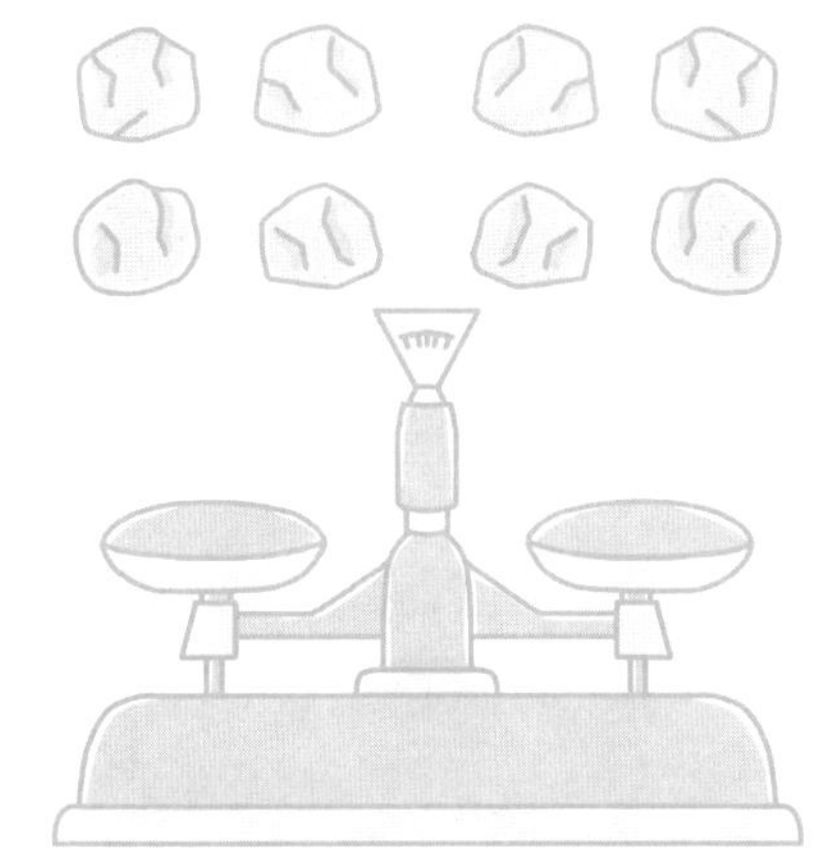

★答えはつぎの2ページにのっているよ！

344-345ページの答え ⑪⑦ひこうきにのっている人 ⑪⑧めがねをかけて走っている人 ⑪⑨海の上に落ちたから

なぞなぞクロスワードにチャレンジ!

「たてのカギ」「よこのカギ」のなぞなぞの答えを、同じ番号のマスからスタートして書こう。小さい「ゃ」も大きく書くよ。

「たてのカギ」

②みんなが毎日、すったりはいたりしているもの。
③まわりが水にかこまれた小さな陸地のこと。
④毎年、1歳ずつとっていくものだよ。
⑤正しい答えのことだよ。
⑧こうらをせおった生きものだよ。
⑨エビにころもをつけて揚げた、おいしいものは?
⑩池や川にいる魚。5月になると空をおよぐよ。
⑫のぼったり、おりたりする道のこと。
⑬みんなが、着るもののことだよ。
⑯鉄などをくっつける道具。
⑲自分の思いどおりに、自由にふるまうこと。
㉑丸いもののこと、なんていうかな?

「よこのカギ」

①みんなに、ひみつにしていること。
⑥ヒヒーンと鳴くどうぶつだよ。
⑦見わたせるはんいのこと。「○○○が広い」というよ。
⑨電車がとまるところ。
⑪機械のことをカタカナでいうと?
⑫お金を入れるものだよ。
⑭火山がばくはつすること。
⑮当たるとうれしいもの。
⑰品物を売っているところだよ。
⑱春夏秋冬、4つのきせつのこと。
⑳板チョコにかくれているどうぶつは、なあに?
㉒平地より高くもり上がっているところ。
㉓ホッキョクグマのことだよ。

1	2	3		4		5
	6			7	8	
9			10		11	
		12		13		☆
14	♡			15	16	
		17			18	19
20	21				22	
			23			

Q マスにぜんぶのことばが入ったら、下のマスに同じ記号や数字の文字を入れて、左から読もう。なんて読めるかな？

16	♡	10	6	9	☆	5	20

★答えは365ページにのっているよ！

なぞなぞプラネットは救えるか!?

おお、みんな…
ナゾセン！
ごぶじでよかった！
おかえりなさい！

ドキーッ
しんぱいせんでよい、こちらは…
そちらは…？

ワシの弟子じゃ！
帰ろっか
そだね

わ〜、ウソウソ
ジョークじゃよ〜
ハッ…

ぬ
こちらは、ナゾプラを救うべく、集まってくれた
えらばれし子どもたち…

わ〜〜っ
ナゾナゾショ〜〜
ネタバラ星人！

よ、よし！地球で集めた最強のなぞで勝負じゃ！
いくぞ…

くらえ!!
なぞなぞ3連発!!!

花だんの両はしに落ちているものはなあに？
※答えは62ページの❻。

バババ

9匹のリスがさかだちしているのはなにやさん？
※答えは122ページの㊱。

オウムがはじめておかしを見つけたのはいつかな？
※答えは263ページの❶。

ゲッ

ナニ　ソレ
ムズカシイ…
ウ…ウウ…

ウワ～～～ン！
コタエ
タイ～～
えっ!?

答えられないと、おとなしく
退散するんじゃないの？
泣いちゃった
よ？
そ…その
はずじゃが…
ナゾナゾコタエタイ～
コタエタ
イ～～
ホカノニシテ～～
ねえ、
ちょっと！

泣いてないで、あんたも
たまには、なぞなぞを
出してみたら、どう？
ばーん
エッ

オ…オレガ…
ナゾナゾヲ…
そうよ！

ジャア…
エット…
カバンノ
ナカニ　イル
ドウブツ、
ナアニ？
わかった！
カバ！
ハラ
ハラ

セイカイ！
オマエ
スゴイ!!
フフン！
アンタもなかなか
いいなぞなぞ
持ってるじゃん！
おおっ

オレ　ハジメテ
ナゾナゾ　ダシタ…
タノシイ
モット
ダシタイ
うけてたつよ！
さあ来い！

デモ、オレノ　ナゾナゾ
モウ　ナイ…
サッキノデ
オワリ…
しゅん…
そっ…
そっか…

ほんとは
なぞなぞ好きの
いいやつっぽいな
ウン…
ゴメン…
元気出して
ホラー

そうだ！
ナゾセンの
ところで
修業したら？
イイノ？
エッ

かくして、なぞなぞプラネットの平和はたもたれた!!

オレモ マスターニ ナル!

しっかりがんばるのじゃぞ!

めでたし めでたし

って あの…そろそろ 地球に帰らせて…

エー

めいろ・すごろく・さがし絵の答え

32〜33ページ

❶かんきせん　❷サイコロ　❸けん玉　❹クリップ　❺はんこ　❻あみ戸

82〜83ページ

❶死んでる（芯出る）　❷紺色　❸トイレ　❹記録　❺石川県　❻竜宮城　❼数字

132〜133ページ

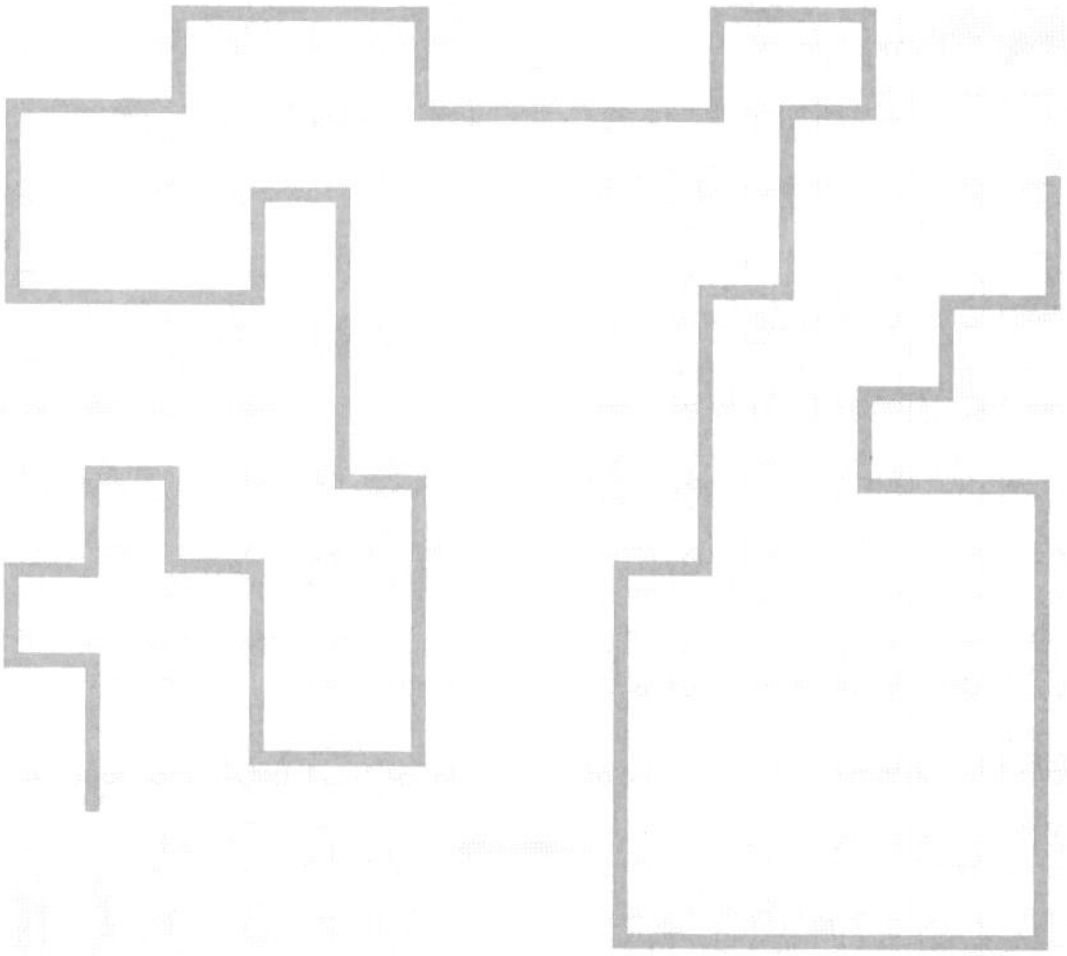

❶ブルドーザー　❷パワーショベル　❸フォークリフト　❹クレーン車

184～185ページ

キリン　チーター　ワニ　シマウマ　ゾウ　カバ　サイ

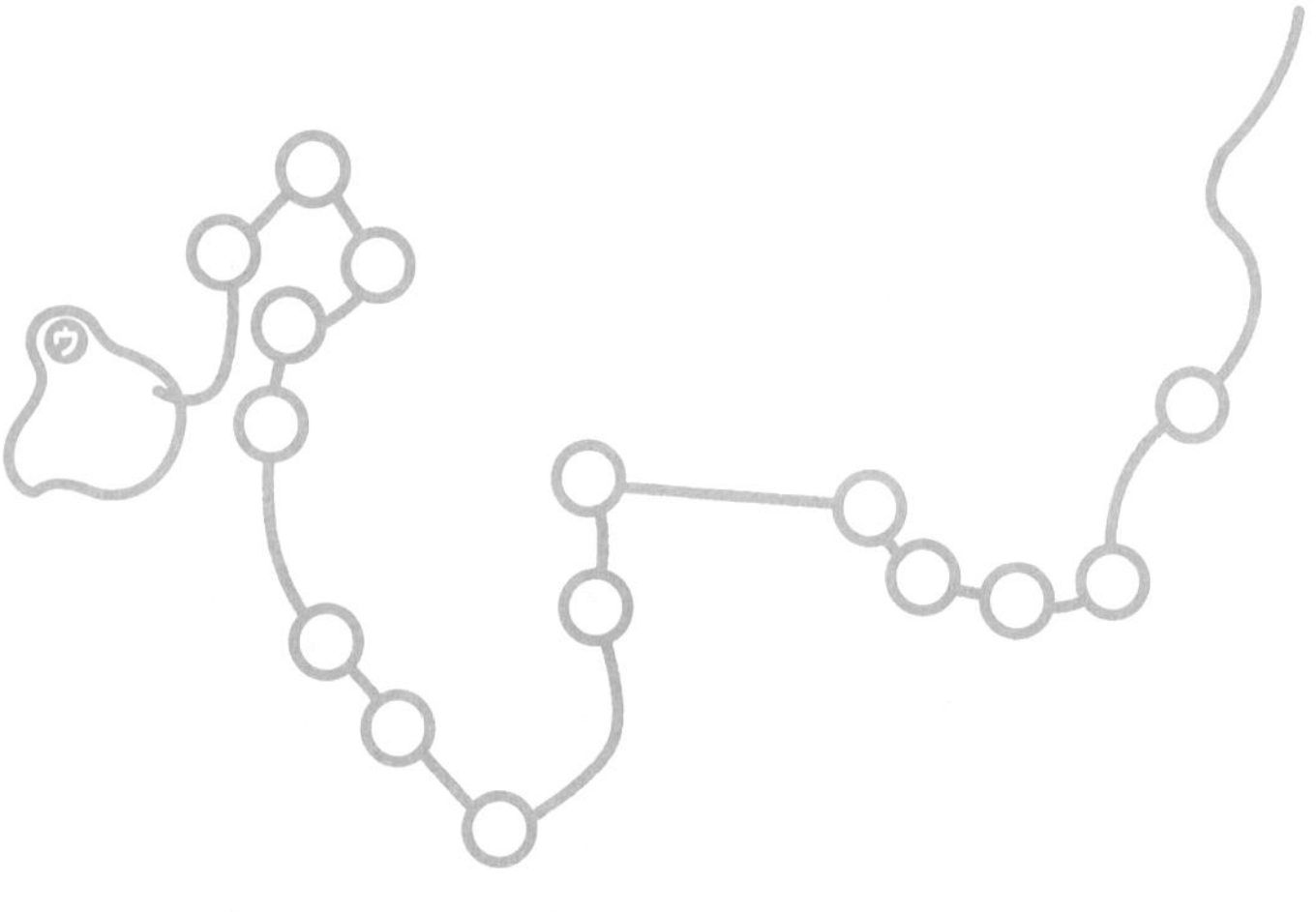

ウ

㋐畑　㋑キャンプ　㋒チーズ　㋓九官鳥　㋔イヤホン　㋕おしまい

282～283ページ

❶針　❷雨　❸ふね　❹川　❺ニンジン

330～331ページ

❶おみくじ　❷しいたけ(シー！竹)　❸まちがえる　❹イクラ　➡おしまい

頭のトレーニングの答え

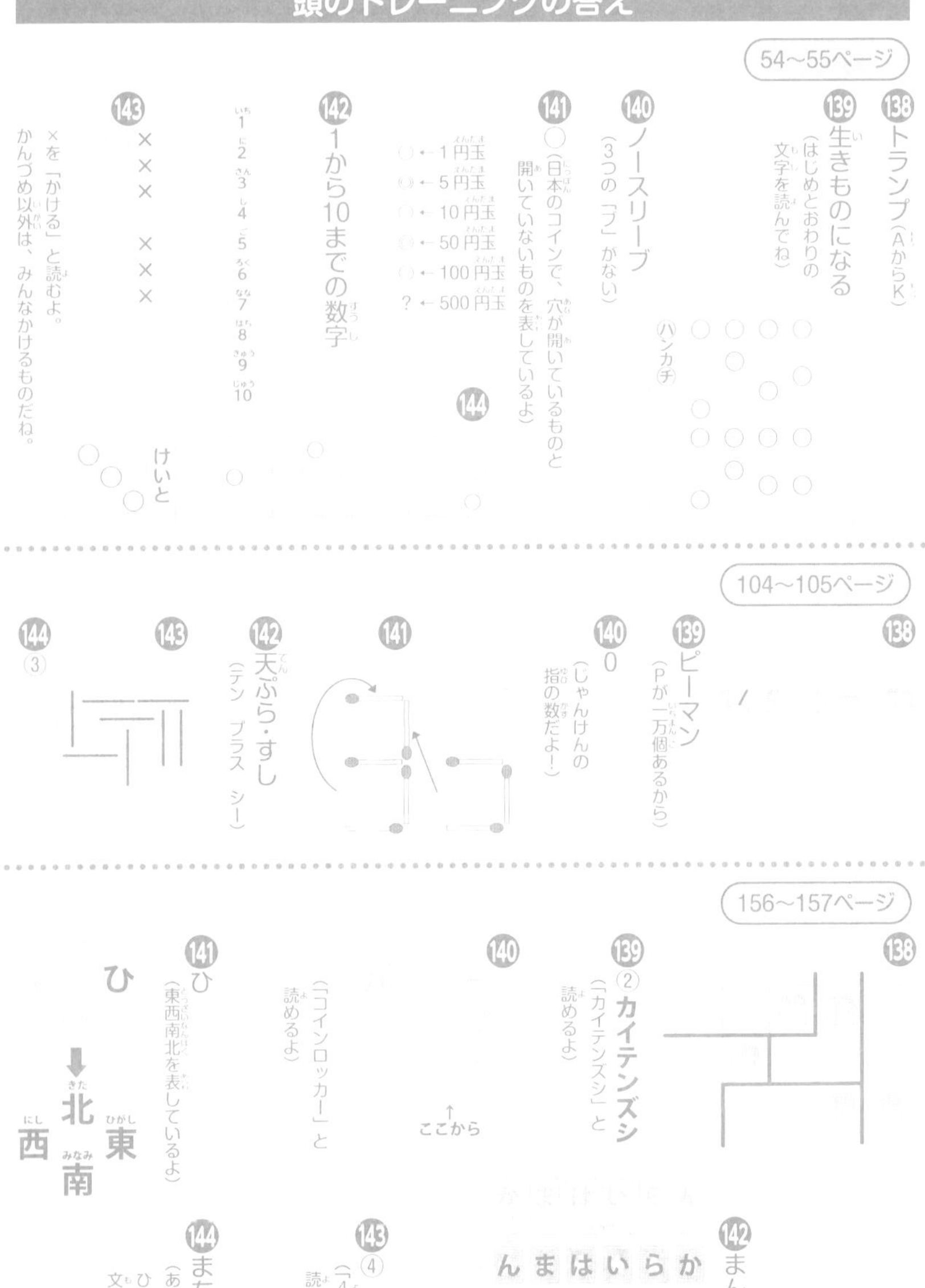

54～55ページ

138 トランプ（AからK）

139 生きものになる（はじめとおわりの文字を読んでね）

140 ノースリーブ（3つの「ブ」がない）

141 ○（日本のコインで、穴が開いているものと開いていないものを表しているよ）

142 1から10までの数字

143 ×××　×××

×を「かける」と読むよ。かんづめ以外は、みんなかけるものだね。

144

104～105ページ

138

139 ピーマン（Pが一万個あるから）

140 0（じゃんけんの指の数だよ！）

141

142 天ぷら・すし（テン　プラス　シー）

143

144 ③

156～157ページ

138

139 ② カイテンズシ（「カイテンズシ」と読めるよ）

140 （「コインロッカー」と読めるよ）

141 ひ（東西南北を表しているよ）

142 まんかい

143 ④（「493L」と読めるよ）

144 まち（あいうえお表でひとつ前にある文字を読もう）

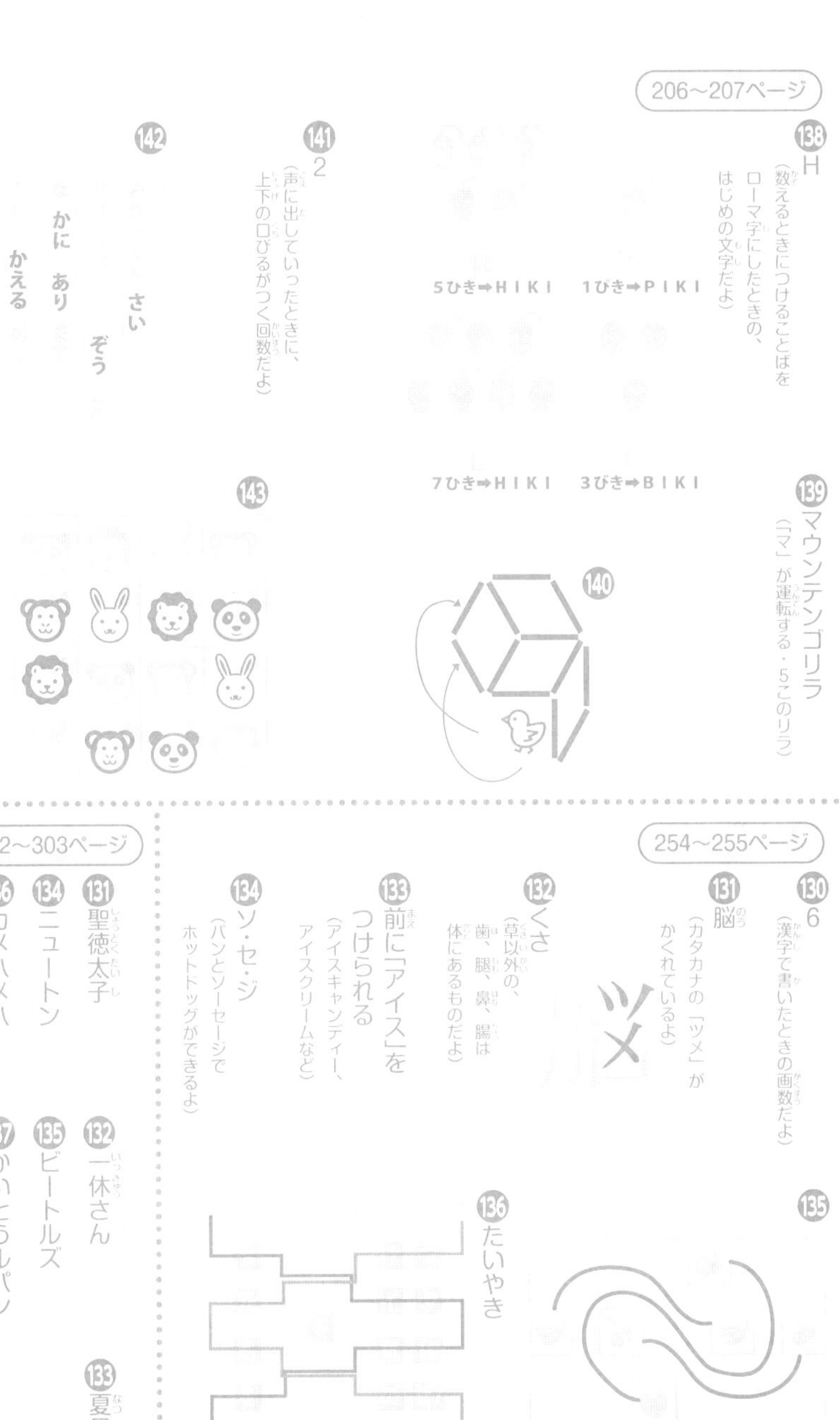

206〜207ページ

138 H
（数えるときにつけることばを
ローマ字にしたときの、
はじめの文字だよ）

139 マウンテンゴリラ
（「マ」が運転する・5このリラ）

140

141 2
（声に出していったときに、
上下の口びるがつく回数だよ）

142

143

254〜255ページ

130 6
（漢字で書いたときの画数だよ）

131 脳
（カタカナの「ツメ」が
かくれているよ）

132 くさ
（草以外の、
歯、腿、鼻、腸は
体にあるものだよ）

133 前に「アイス」を
つけられる
（アイスキャンディー、
アイスクリームなど）

134 ソ・セ・ジ
（パンとソーセージで
ホットドッグができるよ）

135

136 たいやき

なぞなぞ　タイヤに気を　つけたものは　？

302〜303ページ

131 聖徳太子
132 一休さん
133 夏目漱石
134 ニュートン
135 ビートルズ
136 カメハメハ
137 かいとうルパン

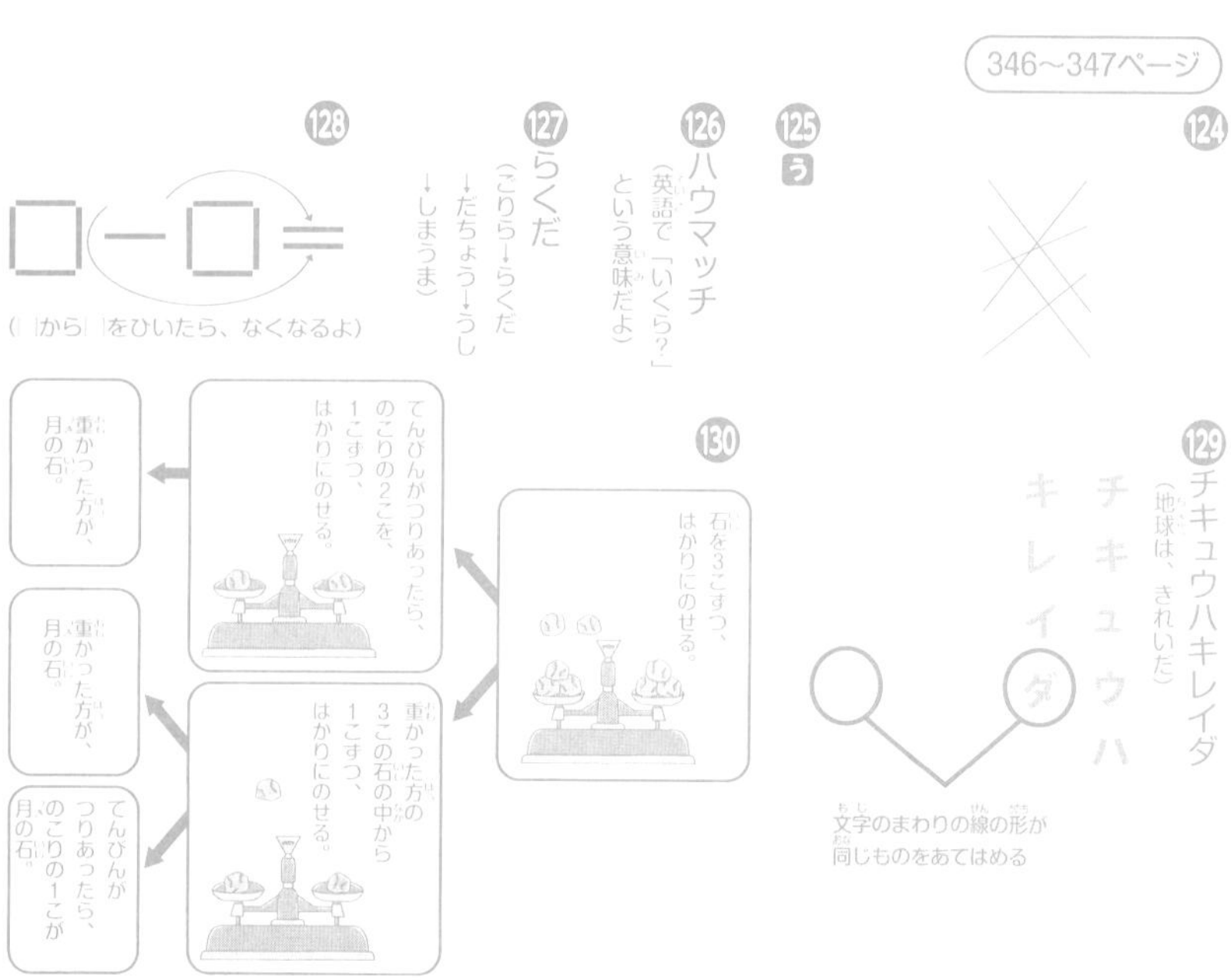

クロスワードの答え

56〜57ページ

る　が　か　う

ん　お　く　わ

り　ら

か　く

❸ばん　おるがん

106〜107ページ

なつまつり　ち
　ばす　すいか
かめ　く　たて
み　らつこ　つ
こわい　あき
つ　お　らくだ
ぷりん　　　ん
　く　むしかご

☆ ♡ 1 18 8 7 16
みんなだいすき

158〜159ページ

よ
こうそくどうろ
う　つ　ち
そ　や　え　　せ
うえき　まんしょん
び　ょ　　　　と
る　う　　　　う
　　か　　い　た
　えいがかん　こ
　ん　っ　さかや
　と　こ　つ　き
　つ　う　や　や

ま(1)　ち(3)　し(8)
た(2)　ょ(4)　よ(9)
　　う(5)　う(10)
　　せ(6)
　　ん(7)

208〜209ページ

	ア	リ	ク	イ			ラ	マ
キ	ジ			グ		シ		グ
		エ		ア	ル	マ	ジ	ロ
	ハ	イ	エ	ナ		ウ		
ア	リ				ヤ	マ	ネ	コ
	ネ		ス		マ			
	ズ		ナ		ア	ル	パ	
ウ	ミ	ガ	メ		ラ			
シ			リ		シ	ロ	ク	マ
ガ		ア					ロ	
エ	ゾ	シ	カ		タ		サ	ル
ル		カ		ア	イ	ア	イ	

イイネ！
キミハ
サイコウ！

256〜257ページ

チ	キ	ン	ラ	イ	ス	ン	チ
ン	ー	デ	ー	ウ	ブ	ツ	ャ
ラ	テ	オ	メ	テ	タ	ナ	ー
マ	ス	ン	ン	ツ	ン	ー	ハ
サ	シ	ミ	タ	カ	ウ	ド	ン
コ	フ	ラ	イ	ド	チ	キ	ン
オ	ー	ク	コ	ン	マ	ク	ニ
コ	ラ	シ	グ	ー	バ	ン	ハ

シンゾウ

（心臓（しんぞう））

304〜305ページ

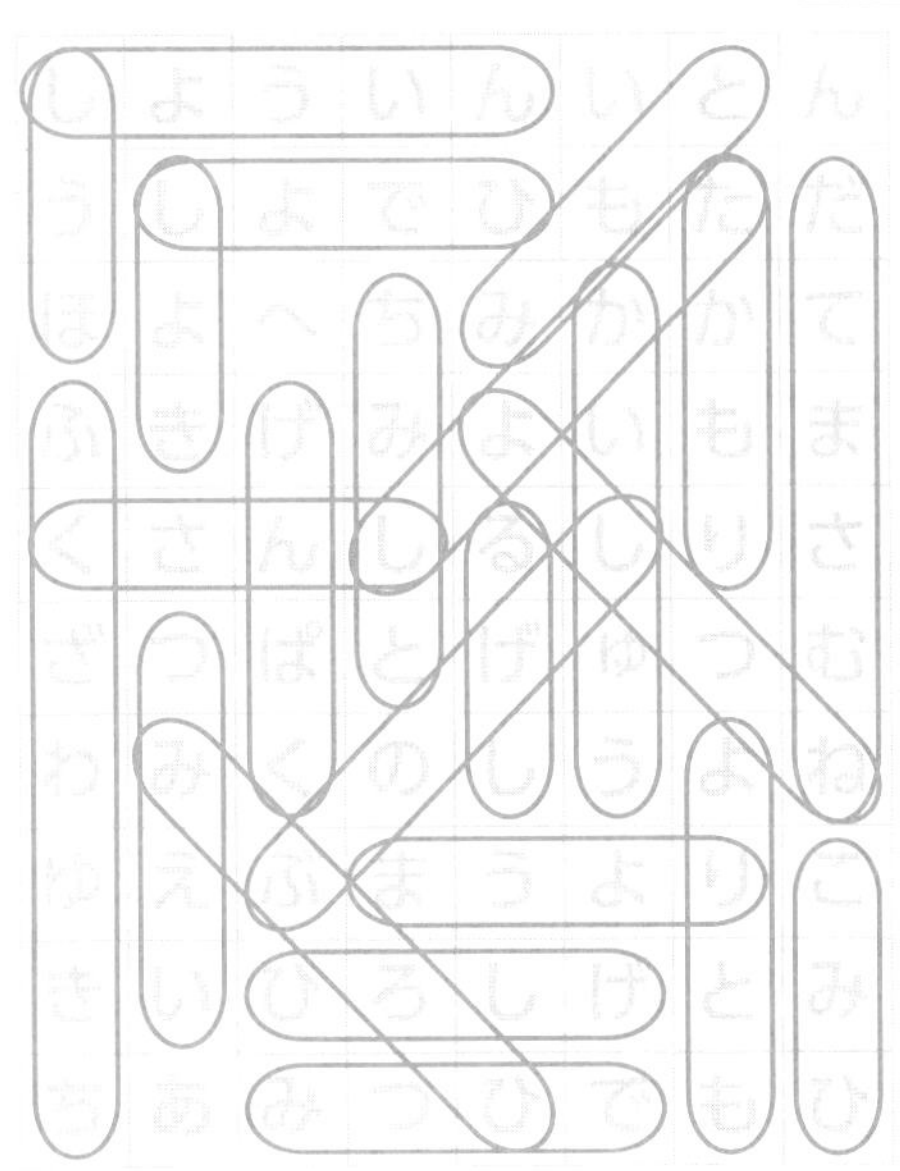

348〜349ページ

か	く	し	ご	と		せ
	う	ま		し	か	い
え	き		こ		め	か
び		さ	い	ふ		い
ふ	ん	か		く	じ	
ら		み	せ		し	き
い	た	ち			や	ま
	ま		し	ろ	く	ま

じんこうえいせい

チャレンジした
問題(もんだい)に
色(いろ)をぬろう!

なぞなぞ島(とう)マップ

ステージ1

1 2 3 4 5 6 7 8 9 10 11 12
13 14 15 16 17 18 19 20 21 22 23 24 25 26
27 28 29 30 31 32 33 34 35 36 37 38 39 40 41 42
43 44 45 46 47 48 49 50 51 52 53 54 55 56 57 58 59 60
61 62 63 64 65 66 67 68 69 70 71 72 73 めいろ 74 75 76 77 78 79
80 81 82 83 84 85 86 87 88 89 90 91 92 93 94 95 96 97 98 99
100 101 102 103 104 105 106 107 108 109 110 111 112 113 114 115 116 117
118 119 120 121 122 123 124 125 126 127 128 129 130 131 132 133
134 135 136 137 138 139 140 141 142 143 144 クロスワード

ステージ2

1 2 3 4 5 6 7 8 9 10 11 12
13 14 15 16 17 18 19 20 21 22 23 24 25 26
27 28 29 30 31 32 33 34 35 36 37 38 39 40 41 42
43 44 45 46 47 48 49 50 51 52 53 54 55 56 57 58 59 60
61 62 63 64 65 66 67 すごろく 68 69 70 71 72 73 74 75 76 77 78 79
80 81 82 83 84 85 86 87 88 89 90 91 92 93 94 95 96 97 98 99
100 101 102 103 104 105 106 107 108 109 110 111 112 113 114 115 116 117
118 119 120 121 122 123 124 125 126 127 128 129 130 131 132 133
134 135 136 137 138 139 140 141 142 143 144 クロスワード

ステージ3

1 2 3 4 5 6 7 8 9 10 11 12
13 14 15 16 17 18 19 20 21 22 23 24 25 26
27 28 29 30 31 32 33 34 35 36 37 38 39 40 41 42
43 44 45 46 47 48 49 50 51 52 53 54 55 56 57 58 59 60
61 62 63 64 65 66 めいろ 67 68 69 70 71 72 73 74 75 76 77 78 79
80 81 82 83 84 85 86 87 88 89 90 91 92 93 94 95 96 97 98 99
100 101 102 103 104 105 106 107 108 109 110 111 112 113 114 115 116 117
118 119 120 121 122 123 124 125 126 127 128 129 130 131 132 133
134 135 136 137 138 139 140 141 142 143 144 クロスワード

ステージ 4

1 2 3 4 5 6 7 8 9 10
11 12 13 14 15 16 17 18 19 20 21 22 23 24
25 26 27 28 29 30 31 32 33 34 35 36 37 38 39 40 41
42 43 44 45 46 47 48 49 50 51 52 53 54 55 56 57 58 59 60
61 62 63 64 65 66 さがし絵 67 68 69 70 71 72 73 74 75 76 77 78 79
80 81 82 83 84 85 86 87 88 89 90 91 92 93 94 95 96 97 98 99
100 101 102 103 104 105 106 107 108 109 110 111 112 113 114 115 116 117
118 119 120 121 122 123 124 125 126 127 128 129 130 131 132 133
134 135 136 137 138 139 140 141 142 143 クロスワード

ステージ 5

1 2 3 4 5 6 7 8 9 10 11 12 13 14 15
16 17 18 19 20 21 22 23 24 25 26 27 28 29 30 31 32
33 34 35 36 37 38 39 40 41 42 43 44 45 46 47 48 49 50
51 52 53 54 55 56 57 58 59 60 61 62 63 64 65 66 67 68 69 70
71 めいろ 72 73 74 75 76 77 78 79 80 81 82 83 84 85 86 87 88 89
90 91 92 93 94 95 96 97 98 99 100 101 102 103 104 105 106 107
108 109 110 111 112 113 114 115 116 117 118 119 120 121 122 123
124 125 126 127 128 129 130 131 132 133 134 135 136 クロスワード

ステージ 6

1 2 3 4 5 6 7 8 9 10 11 12 13 14 15
16 17 18 19 20 21 22 23 24 25 26 27 28 29 30
31 32 33 34 35 36 37 38 39 40 41 42 43 44 45 46 47 48 49
50 51 52 53 54 55 56 57 58 59 60 61 62 63 64 65 66 67 68 69
70 71 72 73 74 めいろ 75 76 77 78 79 80 81 82 83 84 85 86 87 88 89
90 91 92 93 94 95 96 97 98 99 100 101 102 103 104 105 106 107
108 109 110 111 112 113 114 115 116 117 118 119 120 121 122 123
124 125 126 127 128 129 130 131 132 133 134 135 136 137 クロスワード

ステージ 7

1 2 3 4 5 6 7 8 9 10 11 12 13 14 15 16
17 18 19 20 21 22 23 24 25 26 27 28 29 30 31 32 33 34
35 36 37 38 39 40 41 42 43 44 45 46 47 48 49 50 51 52 53 54
55 56 57 58 59 60 61 62 63 64 65 66 67 68 69 70 めいろ 71 72 73 74
75 76 77 78 79 80 81 82 83 84 85 86 87 88 89 90 91 92 93
94 95 96 97 98 99 100 101 102 103 104 105 106 107 108 109 110 111 112
113 114 115 116 117 118 119 120 121 122 123 124 125 126 127 128 129 130 クロスワード

やったね!

監修

茂木健一郎（もぎけんいちろう）

脳科学者。

1962年東京生まれ。東京大学理学部法学部卒業後、東京大学大学院理学系研究科物理学専攻課程修了。理学博士。理化学研究所、ケンブリッジ大学を経て現職。専門は脳科学、認知科学。「クオリア」（感覚の持つ質感）をキーワードとして脳と心の関係を研究するとともに、文藝評論、美術評論などにも取り組んでいる。

嵩瀬ひろし（たかせひろし）

秋田県出身。子どもによろこんでもらえる本をつくりたいと思い、銀行員から創作の世界に転身。なぞなぞやめいろ、パズル、創作童話、マンガなどにかかわり、著書多数。

鳥居志帆

イラスト

池田蔵人／がみ／山形彰吾／かほり／タカハラユウスケ／七式工房／イケウチリリー／min

スタッフ

本文デザイン／中トミデザイン
校正／文字工房 燦光
編集協力／みっとめるへん社
編集担当／小髙真梨（ナツメ出版企画株式会社）

本書に関するお問い合わせは、書名・発行日・該当ページを明記の上、下記のいずれかの方法にてお送りください。電話でのお問い合わせはお受けしておりません。
・ナツメ社 web サイトの問い合わせフォーム
https://www.natsume.co.jp/contact
・FAX(03-3291-1305)
・郵送（下記、ナツメ出版企画株式会社宛て）
なお、回答までに日にちをいただく場合があります。正誤のお問い合わせ以外の書籍内容に関する解説・個別の相談は行っておりません。あらかじめご了承ください。

ひらめき力がぐんぐん育つ！ なぞなぞチャレンジ

2020年 9 月14日 初版発行
2024年 5 月10日 第 7 刷発行

監修者 茂木健一郎
作 者 嵩瀬ひろし
発行者 田村正隆

発行所 株式会社ナツメ社
東京都千代田区神田神保町1-52 ナツメ社ビル１F（〒101-0051）
電話 03(3291)1257（代表） FAX 03(3291)5761
振替 00130-1-58661

制 作 ナツメ出版企画株式会社
東京都千代田区神田神保町1-52 ナツメ社ビル３F（〒101-0051）
電話 03(3295)3921（代表）

印刷所 広研印刷株式会社

ISBN978-4-8163-6899-8